TRANSPORTE SOB ENCOMENDA
GIUSEPPE LUMARE JÚNIOR
DIRETOR EXECUTIVO DA BRASPRESS

O PREÇO DA PRESSA

CB055428

TRANSPORTE SOB ENCOMENDA

GIUSEPPE LUMARE JÚNIOR

DIRETOR EXECUTIVO DA BRASPRESS

O PREÇO DA PRESSA

ALTA BOOKS
EDITORA

Rio de Janeiro, 2022

Transporte Sob Encomenda

Copyright © 2022 da Starlin Alta Editora e Consultoria Eireli.
ISBN: 978-65-5520-825-2

Impresso no Brasil — 1ª Edição, 2022 — Edição revisada conforme o Acordo Ortográfico da Língua Portuguesa de 2009.

Dados Internacionais de Catalogação na Publicação (CIP) de acordo com ISBD

G118t   Gabriel, Marx
   Transporte sob encomenda: o preço da pressa / Marx Gabriel ; organizado por Giuseppe Lumare Júnior. – Rio de Janeiro : Alta Books, 2022.
   208 p. ; 16cm x 23cm.

   Inclui índice e bibliografia.
   ISBN: 978-65-5520-825-2

   1. Administração de empresas. 2. Transporte de encomendas. 3. Frete. 4. Logística. I. Lumare Júnior, Giuseppe. II. Título.

2022-717
CDD 658.7
CDU 658.7

Elaborado por Odílio Hilario Moreira Junior - CRB-8/9949

Índice para catálogo sistemático:
1. Administração: Logística 658.7
2. Administração: Logística 658.7

Todos os direitos estão reservados e protegidos por Lei. Nenhuma parte deste livro, sem autorização prévia por escrito da editora, poderá ser reproduzida ou transmitida. A violação dos Direitos Autorais é crime estabelecido na Lei nº 9.610/98 e com punição de acordo com o artigo 184 do Código Penal.

A editora não se responsabiliza pelo conteúdo da obra, formulada exclusivamente pelo(s) autor(es).

Marcas Registradas: Todos os termos mencionados e reconhecidos como Marca Registrada e/ou Comercial são de responsabilidade de seus proprietários. A editora informa não estar associada a nenhum produto e/ou fornecedor apresentado no livro.

Erratas e arquivos de apoio: No site da editora relatamos, com a devida correção, qualquer erro encontrado em nossos livros, bem como disponibilizamos arquivos de apoio se aplicáveis à obra em questão.

Acesse o site www.altabooks.com.br e procure pelo título do livro desejado para ter acesso às erratas, aos arquivos de apoio e/ou a outros conteúdos aplicáveis à obra.

Suporte Técnico: A obra é comercializada na forma em que está, sem direito a suporte técnico ou orientação pessoal/exclusiva ao leitor.

A editora não se responsabiliza pela manutenção, atualização e idioma dos sites referidos pelos autores nesta obra.

Produção Editorial
Editora Alta Books

Diretor Editorial
Anderson Vieira
anderson.vieira@altabooks.com.br

Editor
José Ruggeri
j.ruggeri@altabooks.com.br

Gerência Comercial
Claudio Lima
claudio@altabooks.com.br

Gerência Marketing
Andrea Guatiello
marketing@altabooks.com.br

Coordenação Comercial
Thiago Biaggi

Coordenação de Eventos
Viviane Paiva
comercial@altabooks.com.br

Coordenação ADM/Finc.
Solange Souza

Direitos Autorais
Raquel Porto
rights@altabooks.com.br

Produtor Editorial
Thales Silva

Produtores Editoriais
Illysabelle Trajano
Larissa Lima
Maria de Lourdes Borges
Paulo Gomes
Thiê Alves

Equipe Comercial
Adriana Baricelli
Daiana Costa
Fillipe Amorim
Heber Garcia
Kaique Luiz
Maira Conceição
Victor Hugo Morais

Equipe Editorial
Beatriz de Assis
Brenda Rodrigues
Caroline David
Gabriela Paiva
Henrique Waldez
Marcelli Ferreira
Mariana Portugal

Marketing Editorial
Jessica Nogueira
Livia Carvalho
Marcelo Santos
Thiago Brito

Atuaram na edição desta obra:

Revisão Gramatical
Flavia Carrara
Fernanda Lutfi

Capa
Lucas Cavalcante

Projeto Gráfico
Marcelli Ferreira
e Rita Motta

Diagramação
Rita Motta

Editora afiliada à:

Rua Viúva Cláudio, 291 – Bairro Industrial do Jacaré
CEP: 20.970-031 – Rio de Janeiro (RJ)
Tels.: (21) 3278-8069 / 3278-8419
www.altabooks.com.br — altabooks@altabooks.com.br
Ouvidoria: ouvidoria@altabooks.com.br

Agradecimentos

Escolho, como modo de agradecimento às contribuições recebidas para a elaboração deste livro, reconhecer que qualquer trabalho intelectual, quando honestamente encaminhado, deve ser um meio pelo qual novas possibilidades de discussão possam ser abertas. Assim, mais do que um agradecimento tradicional, faço aqui um convite, ao leitor amigo e às pessoas que estiveram comigo nessa caminhada de vida e trabalho, para continuarmos trocando ideias.

Agradeço à minha esposa, Iara, companheira de vida, a quem dedico este trabalho como presente de amor.

Agradeço aos companheiros de luta, com quem sigo na mesma estrada de trabalho há 33 anos. A Urubatan Helou, líder máximo da Braspress, cujo espírito de luta admiro e tento copiar, e aos outros diretores: Milton Domingues Petri, Giuseppe Dimas de Oliveira Coimbra e Luiz Carlos Lopes; em especial este último, com quem venho discutindo há anos muitos dos conceitos presentes neste livro.

Cito, por fim, dois profissionais de alto gabarito cuja dedicação, lealdade e paciência para comigo, ao longo de anos de frutífero convívio, ajudaram em muitos sentidos no resultado deste livro: Luciana Parro Nunes e Gilberto Marassi, ambos profissionais de renomada atuação no transporte de cargas.

> *"Prefiro os que me criticam, porque me corrigem, aos que me elogiam, porque me corrompem."*

Com essa frase atribuída a Santo Agostinho, encerro esta seção e dou o sentido exato de como valorizo as contribuições recebidas.

Sumário

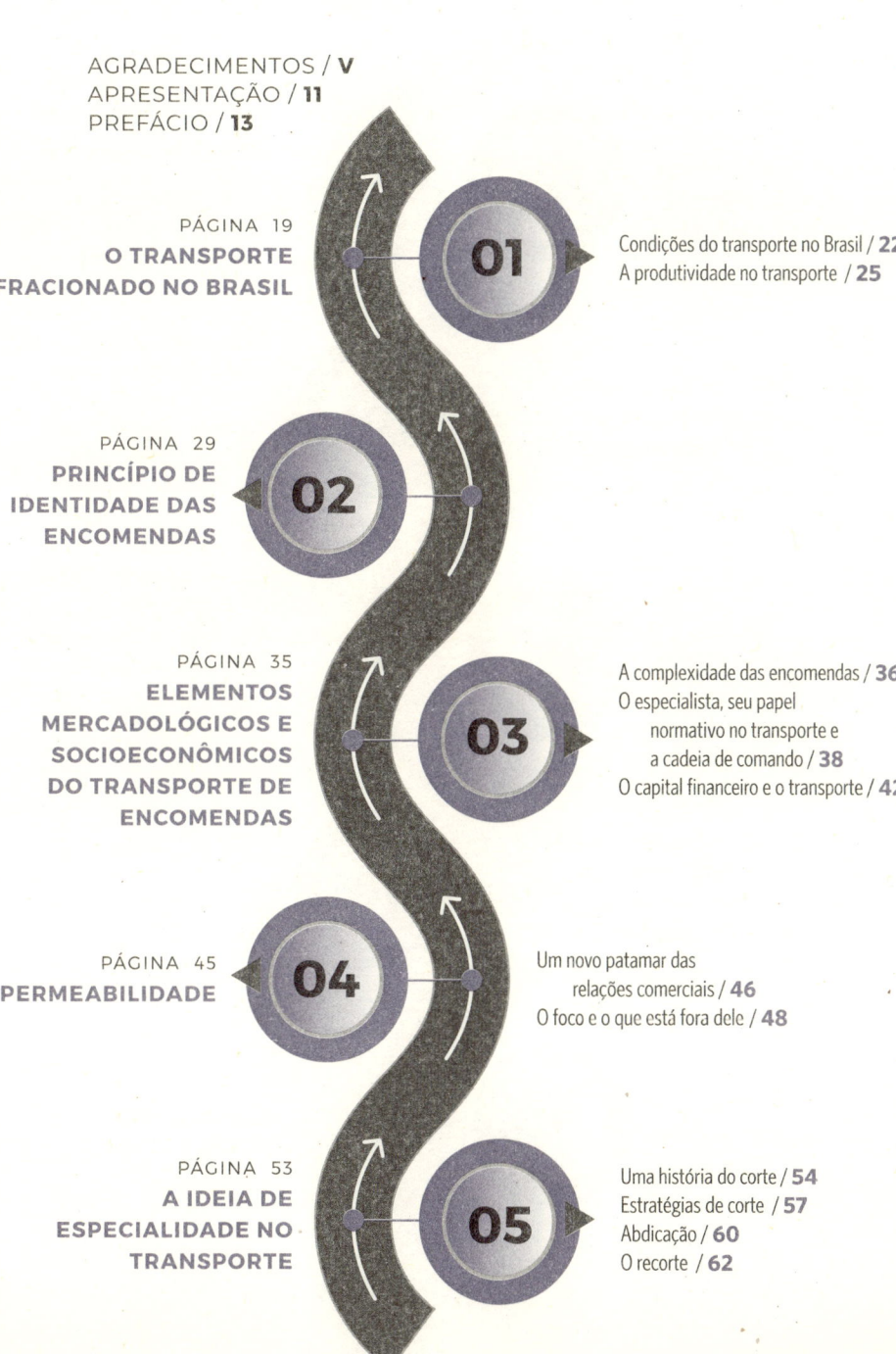

AGRADECIMENTOS / **V**
APRESENTAÇÃO / **11**
PREFÁCIO / **13**

PÁGINA 19
O TRANSPORTE FRACIONADO NO BRASIL — **01**

- Condições do transporte no Brasil / **22**
- A produtividade no transporte / **25**

PÁGINA 29
PRINCÍPIO DE IDENTIDADE DAS ENCOMENDAS — **02**

PÁGINA 35
ELEMENTOS MERCADOLÓGICOS E SOCIOECONÔMICOS DO TRANSPORTE DE ENCOMENDAS — **03**

- A complexidade das encomendas / **36**
- O especialista, seu papel normativo no transporte e a cadeia de comando / **38**
- O capital financeiro e o transporte / **42**

PÁGINA 45
PERMEABILIDADE — **04**

- Um novo patamar das relações comerciais / **46**
- O foco e o que está fora dele / **48**

PÁGINA 53
A IDEIA DE ESPECIALIDADE NO TRANSPORTE — **05**

- Uma história do corte / **54**
- Estratégias de corte / **57**
- Abdicação / **60**
- O recorte / **62**

PÁGINA 65
CRITÉRIOS DE VALOR PARA A SELEÇÃO DE CARGAS E ENCOMENDAS

06
- Critério do custo econômico / **68**
- Critério da preferência temporal / **70**
- Critério da ordem de prioridade / **72**
- Critério da concentração / **73**
- Critério da operabilidade / **75**
- Critério da ergonomia / **76**

PÁGINA 79
SELETIVIDADE SOB A PERSPECTIVA ERGONÔMICA

07
- Dilemas dos gestores de transporte / **83**
- Síntese de valor e suas proporções e graus / **86**
- A classificação Ergon e Ponos / **87**

PÁGINA 91
PRÓLOGO A UMA GESTÃO 4.0 NO TRANSPORTE DE ENCOMENDAS

08
- Um método vocacionado à mudança / **92**
- A teoria sistêmica aplicada ao transporte / **93**
- A encomenda conceitual / **96**
- O sistema de tarefas / **97**
- A gestão panóptica / **99**

PÁGINA 103
A ENCOMENDA CONCEITUAL

09
- Análise de atributos / **106**
- Atributos cadastrais e compositivos / **107**
- Atributos compositivos / **108**
- Atributos de peso, volume e formato / **108**
- Atributos de densidade-peso e densidade-valor / **111**
- Atributo do valor mercantil ou declarado / **112**
- Atributo da embalagem / **115**
- Atributo da afetação / **118**
- Atributos cadastrais / **119**

PÁGINA 121
PERFIL IDENTITÁRIO DA ENCOMENDA E O VETOR CRONOBIOGRÁFICO

10

PÁGINA 129
O SISTEMA DE TAREFAS

11
- A fabricação de serviços / **130**
- A distribuição como um processo produtivo / **136**

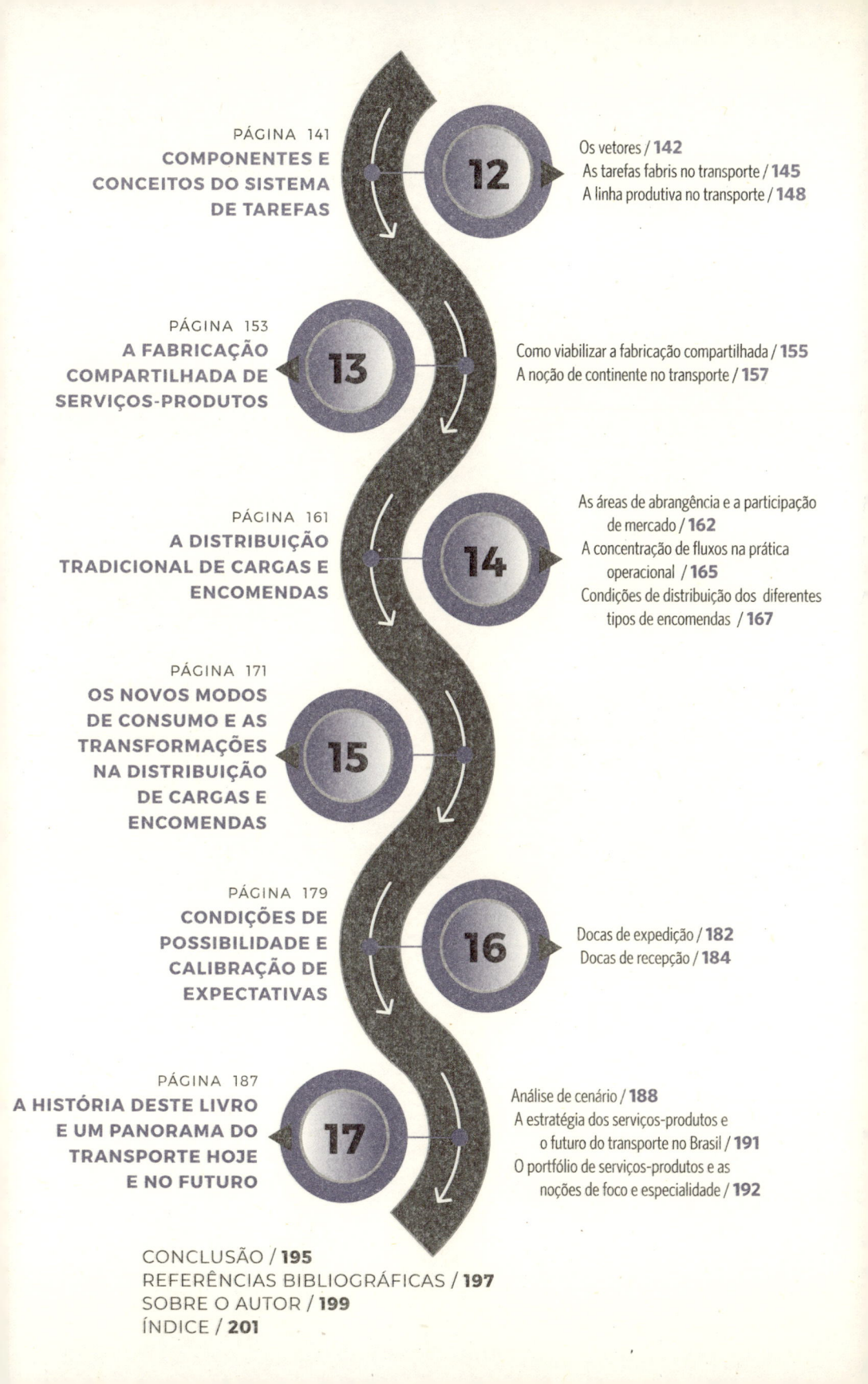

PÁGINA 141
COMPONENTES E CONCEITOS DO SISTEMA DE TAREFAS

12
- Os vetores / **142**
- As tarefas fabris no transporte / **145**
- A linha produtiva no transporte / **148**

PÁGINA 153
A FABRICAÇÃO COMPARTILHADA DE SERVIÇOS-PRODUTOS

13
- Como viabilizar a fabricação compartilhada / **155**
- A noção de continente no transporte / **157**

PÁGINA 161
A DISTRIBUIÇÃO TRADICIONAL DE CARGAS E ENCOMENDAS

14
- As áreas de abrangência e a participação de mercado / **162**
- A concentração de fluxos na prática operacional / **165**
- Condições de distribuição dos diferentes tipos de encomendas / **167**

PÁGINA 171
OS NOVOS MODOS DE CONSUMO E AS TRANSFORMAÇÕES NA DISTRIBUIÇÃO DE CARGAS E ENCOMENDAS

15

PÁGINA 179
CONDIÇÕES DE POSSIBILIDADE E CALIBRAÇÃO DE EXPECTATIVAS

16
- Docas de expedição / **182**
- Docas de recepção / **184**

PÁGINA 187
A HISTÓRIA DESTE LIVRO E UM PANORAMA DO TRANSPORTE HOJE E NO FUTURO

17
- Análise de cenário / **188**
- A estratégia dos serviços-produtos e o futuro do transporte no Brasil / **191**
- O portfólio de serviços-produtos e as noções de foco e especialidade / **192**

CONCLUSÃO / **195**
REFERÊNCIAS BIBLIOGRÁFICAS / **197**
SOBRE O AUTOR / **199**
ÍNDICE / **201**

Apresentação

Poucas atividades sofrem tanto preconceito — seja no âmbito profissional ou no acadêmico — quanto o transporte de mercadorias: para muitas empresas que o adquirem ele ainda é tratado como uma *commodity*, e a experiência mostra que rapidamente elas aprendem uma amarga (e cara) lição quando as não conformidades se avolumam; nas universidades, o transporte é representado como a etapa mais simples dentro de um projeto logístico ou na gestão de determinada cadeia de suprimentos, ignorando sua importância estratégica e lhe conferindo uma função meramente operacional. A verdade é que a visão de que o transporte é um mal necessário está morrendo junto com as empresas que compartilham dessa mentalidade. Ao contrário, a atividade vem ganhando cada vez mais o status de diferencial competitivo, o que tem garantido sucesso para grandes empresas que já perceberam sua importância e investem nisso.

O trunfo deste livro é justamente este: apresentar o transporte de encomendas como algo indissociável da estratégia, o que torna esse serviço muito mais do que um modo de fazer, mas um produto com intenção e características próprias e exclusivas para cada nicho de mercado, sofisticando em muito a noção do senso comum de que transportar é apenas conduzir uma mercadoria de um ponto a outro. Entre origem e destino, são justamente as ações permeadas de raciocínios que garantirão a adequação desse serviço a necessidades específicas, portanto são diferentes modos de fazer.

Claro que isso só pôde ser concebido por um gestor longevo no transporte, que, ao mesmo tempo, conduz sua atividade com a capacidade inovativa de um iniciante. E é desta forma que o texto se desenvolve: com erudição e criatividade. Como tive o privilégio de conviver com o Pepe tanto no ambiente corporativo quanto no acadêmico, é fácil reconhecer neste livro a marca de sua forma de atuar — com valorosos *insights* a todo momento —, e por isso reforço a pertinência desta leitura não apenas para os profissionais de transportes, mas também para quem demanda esse serviço e para os estudiosos da área.

Prof. Me. Gilberto Marassi
Gestor de transportes e professor universitário

Prefácio

 **O transporte e sua missão**

Não é exagero afirmar que muito do que desfrutamos da sociedade contemporânea depende da diversidade de modos e especialidades de transporte. No mundo globalizado, o sistema integrado de transportes ocupa posição central na vida e no trabalho humanos como condição de possibilidade indispensável para que, mesmo a distância, agentes sociais e de produção aliem suas competências e possam inovar.

Como verdadeiro liame civilizacional, o transporte participa tanto da gênese como da manutenção das atividades econômicas, não sendo estranho que haja um entendimento tácito de que as atividades de transporte devam responder com celeridade às emergentes demandas sociais, as quais, por sua vez, dada a complexidade que as caracterizam, geram tendência à generalidade de perfis de cargas e encomendas com efeitos danosos aos serviços e aos resultados do transportador.

A mutabilidade de perfis conflita com a noção de especialidade. Sendo assim, o transportador que pretende preservar seus interesses não deve assumir uma postura que degenere em servilismo ingênuo, recepcionando sem o devido cuidado as demandas de mercado que lhe chegam; ao contrário, deve ordenar a diversidade de perfis em focos mutuamente compatíveis nas operações, encontrando equilíbrio entre seus interesses e os de clientes.

Essa postura madura impõe soluções metodológicas que foram criadas a partir da adaptação dos métodos de produção enxuta ao transporte. Dessa forma, inicialmente propõe-se um roteiro de pensamento que visa definir, numa conceituação remanejada, as condições necessárias e interdependentes que estabelecerão as novas bases das atuações comercial e operativa nas lides do transporte.

Trata-se, portanto, da tomada de consciência de que, com conhecimentos adequados e seguindo um passo a passo de implantação, é possível estabelecer uma gestão independente, madura e capaz de permitir ao transportador as melhores escolhas de mercado, colocando-o na posição de protagonista. A maturidade de que se fala pretende tanto evitar a tentação do protecionismo como a postura servil nas relações comerciais. O protagonismo no transporte deve ser sustentado por conhecimentos que emancipem e deem novo sentido à missão de transportar, indicando caminhos para a revisão e a efetiva transformação dos modos de vender e operar.

Sendo assim, sob os auspícios do pensamento sistêmico, dos ditames da produção enxuta e das mais recentes contribuições da plataforma 4.0, propõe-se uma solução estruturada da qual farão parte algumas ferramentas inovadoras: a encomenda conceitual, o sistema de tarefas e a gestão panóptica. Na prática, o extenso arcabouço a ser apresentado tem por objetivo estudar e descobrir, em cada linha de especialidade, misturas de fluxos que conduzam a um estado de homeostase,[1] estado no qual se busca garantir a prestação de bons serviços e a rentabilidade dos fretes.[2]

---

[1] Homeostase é a capacidade de um sistema aberto, especialmente dos seres vivos, de regular seu ambiente interno, de modo a manter uma condição estável mediante múltiplos ajustes de equilíbrio dinâmico, controlados por mecanismos de regulação inter-relacionados.

[2] Vale dizer que a homeostase ocorre de maneira complexa quando as encomendas transportadas correspondem aos padrões das especialidades, padrões esses que, devemos ressaltar, estão sob constante juízo de valor do especialista e podem ser alterados, quando necessário, para renovar o foco comercial.

Prefácio

O transporte na era 4.0

A quarta revolução industrial tem raízes nas mais diversas áreas do conhecimento. É, por assim dizer, um fenômeno multifacetado que não se manifesta apenas nos modos do trabalho, estando presente em todas as atividades humanas. O viés propriamente industrial, que aqui nos interessa sobremaneira, surgiu de iniciativas inovadoras das grandes corporações alemãs que conceberam a plataforma tecnológica 4.0. Essas empresas, junto com o governo alemão, reuniram os principais conceitos que norteiam o novo pensamento industrial.

A plataforma tecnológica 4.0 é, sobretudo, um novo modo produtivo alicerçado nas amplas possibilidades advindas da universalização da conectividade que, nos âmbitos do desenho e da execução de tarefas, permite que forças humanas, robóticas e sistemas ciberfísicos se integrem e compartilhem protocolos produtivos nos quais decisões e comandos serão mutuamente dirigidos, sob influência da inteligência artificial.

As atividades de transporte e logística são um campo fértil para aplicação da nova plataforma 4.0, permitindo um novo mundo de perspectivas. Na fase tecnológica anterior, o transporte fez uso de sistemas de sorteamento de pacotes com os quais obteve serviços precisos e velozes para suportar a necessidade de ajustes dos fluxos de carga em resposta às flutuações da demanda. A seu turno, o pensamento logístico adotou o uso de algoritmos que otimizaram as longas cadeias de valor em âmbito mundial, nas quais o tempo — esse corte pelo qual fluem as ações humanas — tornou-se, por assim dizer, um insumo ainda mais estratégico.

O tempo no transporte, e não menos na logística, além de ser um insumo básico, é um sinalizador de intenções e necessidades presente tanto nos atos produtivos como nos anseios de consumo final e de fornecimento nas cadeias de valor — tomando em todos os casos a forma de expectativas de prazo de entrega, variando por encomenda — nas quais os atributos indicam caminhos e tempos: primeiro nas especialidades de escolha do cliente e, depois, na fábrica de transporte, onde as encomendas fluem nas diferentes linhas fabris que as atraem[3] conforme seus atributos de tempo e modo.

As diferentes linhas nada mais são do que os diferentes fluxos produtivos pelos quais as encomendas fluem, separando-se para obter tratamentos diversos em operações simultâneas ou não, podendo ou não se reencontrar numa fase operativa à frente, ou seja, em uma linha compartilhada por fluxos diferentes na sequência de produção da fábrica de transportes. Essa nova maneira de operar é o corolário da multiplicidade de demandas, advindas das cadeias de valor de bens, cujos atributos particulares impregnam as encomendas e geram efeitos no transporte, que agora é obrigado a ser bem mais fluido e flexível do que antes.

Dessa forma, como corolário, o mote mais óbvio que deve nortear o pensamento de especialidades e os modos de operacionalizá-las é que "encomendas diferentes devem ser operadas de modos diferentes", mesmo que isso implique o desenvolvimento de diversos "meios de fazer" para cumprir à risca a biografia de cada encomenda, cuja vida sempre é um encadeamento de ações em locais e tempos sucessivos entre a coleta (nascimento) e a entrega (morte) para cumprir um plano (PE)[4] cuja efetividade é o meio pelo qual os serviços de transporte são valorizados.

O transporte pode se beneficiar das tecnologias 4.0 quando é pensado como indústria. E, mesmo que esse viés industrial soe estranho a leigos e desavisados, para profissionais da área não é novidade pensar o transporte como modo de produção, visto que

---

[3] Atrair tem aqui o sentido de indicar o passo seguinte da encomenda.

[4] Plano da Encomenda: um vetor que define as ações e os tempos das tarefas que prescrevem o passo a passo da operação de transporte de uma encomenda, da coleta à entrega.

há coincidências causais que geram efeitos semelhantes facilmente constatáveis tanto nos produtos da indústria de bens como na de serviços de transporte; discussão essa que será aprofundada nos próximos capítulos, assim, não apenas como metáfora, mas como realidade plausível, pensar os serviços de transporte como uma fabricação é um paralelismo de aplicação factível.

Sendo assim, sob o impacto das tecnologias 4.0, inicialmente talhadas para a indústria, podemos refletir com mais substância sobre as especialidades do transporte, fazendo sentido pensar a fábrica de transporte como um *locus* de fabricação onde se podem ordenar diferentes modos produtivos que os diferentes atributos das encomendas requerem, os quais podem indicar tratamentos específicos na fábrica de transporte, vindo a calhar os recursos disponibilizados pela Revolução 4.0, que faz uso das tecnologias: IoT (Internet of Things), Digitalização e RFID, dentre outras.

CAPÍTULO

O transporte fracionado no Brasil

Uma história do transporte fracionado no Brasil e um vislumbre do futuro.

CAPÍTULO 01

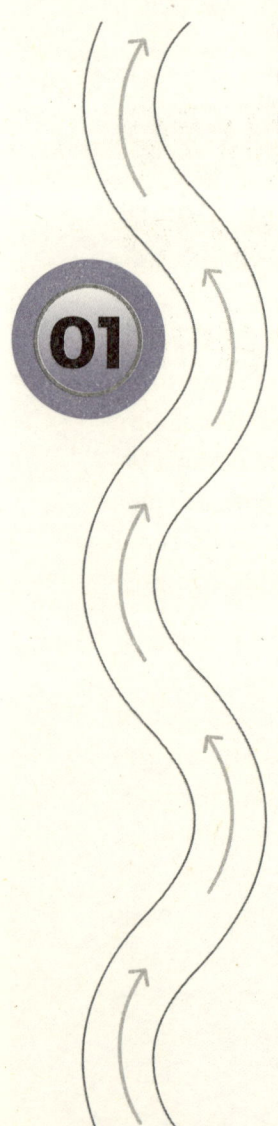

A relevância de um país pode ser identificada de diversas maneiras: pelo pluralismo de sua cultura, pelo grande número de habitantes, pelo tamanho de sua economia, pela renda média de seus habitantes, pelos recursos naturais que possui, pela posição geopolítica que ocupa etc. Por quaisquer desses critérios o Brasil é um país relevante, todavia muitos de nós e boa parte da classe política — alguns por ignorância, outros por interesses inconfessáveis — se comportam como se ainda fôssemos uma nação em fase primária de desenvolvimento: incapaz de competir e a requerer cuidados especiais e proteções de toda sorte. Esse anacronismo vicioso com viés antiliberal, curiosamente considerado virtude por alguns, persiste e ainda ganha adeptos no solo pátrio. Não à toa, o corolário de tal mentalidade é a pouca participação do país nas cadeias produtivas e no comércio mundiais.

Na prática, o isolacionismo econômico diminui a competição local e impede o consumidor brasileiro de ter acesso a bens de qualidade com preços acessíveis. Ainda assim, confirmando a relevância de nosso país, a economia brasileira é bastante diversificada tanto no que diz respeito à presença local de complexas redes produtivas como pela existência de um significativo mercado interno que, na certa seria bem maior, não fossem tantas as barreiras ao livre comércio. Sendo assim, mesmo em estado de cativeiro, esse mercado deu à luz um dinâmico sistema de transporte de cargas cuja história foi marcada pela perseverança de empreendedores cuja capacidade de se adaptar e sobreviver às bruscas mudanças de cenário econômico os tornou mais fortes e receptivos às possibilidades de inovação. É preciso, entretanto, refletir um pouco para entender as condições necessárias à inovação em nosso país.

O interesse comum de transportadores e clientes por esse exercício de pensamento começa na comparação do Brasil com países mais e menos desenvolvidos, nos quais o transporte é diferente tanto para melhor como para pior. Tomando, como exemplo, o caso dos Estados Unidos da América, onde nascem as principais tendências culturais e tecnológicas que permeiam os modos de vida de hoje, o nosso mercado é apenas uma fração do que se movimenta de cargas e encomendas por lá. Isso, por si só, determina uma condição de análise muito diferente. Uma economia maior e mais complexa terá possibilidades muito distintas para o transporte em comparação com as que podem ser pensadas para um país como o Brasil. Esse ponto de diferenciação deve ser encarado como crucial para determinar o valor de qualquer reflexão sobre o transporte brasileiro.

É preciso, antes de tudo, ter consciência de que nosso mercado, não sendo desprezível, também não tem a escala de fluxos que há em países desenvolvidos, estando em uma situação intermediária que também não o coloca na situação de economias menores nas quais sequer é possível pensar estratégias de gestão para além do prosaísmo que é a praxe do transporte de carga geral. Aliás, justamente por não ser desprezível, o mercado brasileiro permite saltos qualitativos para as práticas aqui adotadas. Se, por um lado, não temos a escala ideal, somos, por outro, e por isso mesmo, obrigados a pensar soluções tecnológicas que permitam o compartilhamento operativo de vários tipos de encomendas em um mesmo espaço fabril, diferentemente do que ocorre em mercados de grande escala, nos quais é possível separar as operações em especialidades diversas.

Este é, portanto, o grande desafio do transporte brasileiro: operar a diversidade de perfis em plantas industriais únicas, dada a baixa escala, sem cair nos males da generalidade, que é o malfadado destino das operações que misturam perfis de carga que demandam diferentes processos, gerando maus serviços e baixa rentabilidade para o transportador. Esse desafio, estou convicto, só pode ser vencido com investimentos em tecnologias de ponta e processos de produção engenhosos nos quais se possam preservar as condições de especialidade. Em minha opinião, essa síntese de tecnologias e processos é uma medida a ser descoberta e criada ao transplantarmos o mais atual pensamento industrial para o transporte: a fábrica 4.0.

 Condições do transporte no Brasil

Imensas dificuldades impedem o transporte fracionado brasileiro de adotar as menores distâncias entre os pontos de origem e destino das cargas e encomendas. Ao contrário do critério quilométrico, no Brasil, os caminhos escolhidos visam ao resultado econômico em detrimento dos melhores tempos de percurso. As transferências que ocorrem entre filiais e *hubs*[1] obedecem a percursos pelos quais é possível priorizar as paradas estratégicas: onde há mais fluxos de entrada e saída, com o objetivo de amenizar os efeitos onerosos da ociosidade. É assim que o transporte brasileiro responde às desigualdades de produção e consumo que prevalecem entre as regiões

---

[1] *Hub* no transporte de carga é um centro concentrador de cargas e encomendas fracionadas que serve como epicentro a partir do qual os fluxos chegam e saem no intuito de otimizar as distâncias e os custos de transferência entre outros hubs ou filiais de distribuição.

do país: operando por percursos mais longos e em tempos de entrega mais demorados do que os desejáveis.

Até há pouco, o núcleo composto pela cidade de São Paulo-SP e sua região metropolitana era o ponto de origem que respondia pela maior parte da produção brasileira, bem como o principal ponto de trânsito e transbordo dos fluxos de carga provindos das demais regiões do país. Com o crescimento econômico das últimas décadas, a produção brasileira cresceu mais nas regiões menos desenvolvidas, reduzindo a ociosidade, que, por ainda prevalecer, incentiva os transportadores a tentar incrementar os fluxos com perfis de carga estranhos ao foco estabelecido. A experiência tem mostrado que medidas dessa natureza são ilusórias. No mais das vezes, a falta de foco gera efeitos desastrosos, e mesmo que, de início, algum efeito positivo se verifique, o custo de distribuição costuma crescer e a qualidade dos serviços, cair. Metaforicamente falando, essa prática é o mesmo que querer enfrentar a depressão com bebidas alcoólicas: primeiro vem a euforia, depois a depressão se acentua.

No Brasil, dada a escassez de fluxos, o transporte fracionado começou adotando o modo de distribuição itinerante, que foi a solução economicamente viável para se transpor médias e longas distâncias com fretes que não onerassem excessivamente as mercadorias. No começo da industrialização brasileira, o tímido consumo de produtos de alto valor agregado, associados diretamente às encomendas e não às cargas, não incentivava investimentos em novos modos de distribuição que visavam oferecer velocidade e eficiência, condições que remetem à necessidade de criar e manter filiais de transporte em diversos locais.

Sendo assim, à semelhança do transporte de carga geral, nessa fase, a solução mais racional era distribuir as encomendas enviando caminhões diretamente das áreas de concentração produtiva por longas rotas cujo itinerário passava por diversas cidades nas quais, pouco a pouco, o roteiro de entregas era cumprido. A solução era precária, uma vez que o problema de custo era equalizado, mas o de prazo não, já que as primeiras cidades da rota eram beneficiadas e as últimas, prejudicadas. Com o crescimento da economia brasileira, os transportadores abriram filiais nas cidades de grande porte para entregar e coletar com eficiência. As grandes transportadoras criaram *hubs* em cidades de importância estratégica, dada sua capacidade de irradiação econômica nas regiões circunvizinhas e por serem rota de passagem de grande parte das encomendas que transitavam entre as longas distâncias brasileiras, com vantagens de custo e tempo. Há, porém, razões ocultas no DNA do transporte brasileiro que explicam certas coisas.

Quanto ao caráter formador do transportador brasileiro, a marca de nascença da maioria dos transportadores de carga fracionada, que corresponde a seu primeiro impulso empreendedor, sempre foi e ainda é um desejo de empreender que costuma coincidir com a possibilidade de agregar, em torno de um trabalho próspero, o núcleo familiar mais próximo, como aliás atestam os muitos casos de empresas familiares que se mantiveram ativas e rentáveis por décadas no cenário do transporte brasileiro, as quais muitas vezes cresceram sendo fiéis à mesma estratégia simples que marcou o começo do negócio e o manteve eficaz por muito tempo. Ao contrário do que parece, a virtude desses empreendimentos foi manter a estratégia de berço sem mudar significativamente o que, por décadas, deu certo. Esse modo prosaico de empreender originou histórias de êxito, das quais derivaram corporações de grande relevância, algumas delas conduzidas até hoje pelos descendentes de seus fundadores.

Hoje, contudo, novos desafios se impõem em um mundo cada vez mais complexo no qual o que antes era simples e fácil, agora passou a ser objeto de ciência e reflexão. O transporte, que sempre fora uma atividade constantemente associada ao voluntarismo, passou a requerer o concurso de uma fina elaboração de pensamento, sem, no entanto, perder o traço empreendedor que marcou o início dessa atividade em nosso país.

A produtividade no transporte

As atividades de transporte refletem o ambiente econômico em dado momento. Pode-se dizer que o transporte é um termômetro das atividades comerciais ao sofrer influência direta do volume de transações de uma economia, que, a rigor, correspondem às características e ao montante dos fatores de produção[2] disponíveis e aplicados efetivamente nessa economia.

A produtividade em cada setor econômico depende do bom ordenamento dos fatores de produção mais relevantes em cada atividade. Ainda que no transporte a presença de tecnologias de movimentação automática evolua rapidamente, os recursos humanos são o núcleo lógico da organização produtiva, dada a necessidade de movimentar em todas as fases produtivas porções materiais cujas características são tão diversas quanto as coisas que há no mundo, pois tudo se transporta, seja em estado de insumo, matéria-prima, bens intermediários ou finais. Dessa forma, a produtividade no transporte depende principalmente dos processos que tangem as ações humanas, os quais, por sua vez, devem ser pensados em função daquilo que se transporta.

O fulcro da produtividade no transporte é o pensamento estratégico que define o foco comercial e a especialidade do transportador. Logo, a abordagem de recorte, em um mundo com demandas mutantes com reflexo no perfil das encomendas, é um tipo de conhecimento que advém de medições precisas que podem proteger a qualidade dos serviços. Ora, sem um repertório de conceitos combinados com recursos tecnológicos condizentes à tarefa imposta, o transportador não será capaz de correlacionar a queda de produtividade às alterações nas encomendas, ou melhor, não poderá identificar as encomendas que ingressam nas operações destoando da especialidade, sejam elas as de novos clientes ou as de clientes operantes, ou seja, estamos diante de um problema de

---

[2] Classicamente, os fatores de produção são a Terra, o Trabalho e o Capital.

capacidade de identificação da mudança do perfil das encomendas, que, por vezes, mudam de maneira imperceptível aos modos correntes de gestão.

Tal incapacidade sinaliza que as ferramentas de uso frequente se tornaram obsoletas, cabendo desenvolver novos conceitos e modos de identificar corretamente o princípio de identidade[3] de uma especialidade, cuja origem são as encomendas, princípio esse que pode e deve mudar para preservar o fio condutor da produtividade e evitar a diluição da especialidade. É preciso considerar que a ausência do hábito de refletir sobre o foco e a especialidade pode levar a decisões equivocadas, que confundem o aumento de fluxos com o crescimento da produtividade. No transporte, nunca se pode confundir um incremento da quantidade com o ganho escalar de produtividade. O crescimento dos fluxos só pode ser considerado benéfico quando o critério qualitativo não é perdido, o qual depende da continuidade dos processos de seletividade especialista.

A verdade é que a generalidade[4] se insinua por indução dos agentes econômicos, que forçam, via inovação, a multiplicação veloz da oferta de bens que dependem de rápido escoamento pelos meios de transporte à disposição, ignorando os fundamentos e premissas das especialidades de transporte. No limite, o que ocorre é que sorrateiramente os agentes econômicos injetam, nos fluxos gerais de um transportador, encomendas excêntricas que fluem pelos mesmos canais de vendas, com efeitos diluidores nas especialidades.

Novamente, nem sempre a generalidade é identificada como causa dos problemas de custo e qualidade no transporte: é sim, frequentemente, entendida como missão do transportador que, por sua vez, e em nome de uma suposta parceria, esquece as tratativas prévias que teve com o cliente, as quais estavam restritas a certos modos

---

[3] Contornos gerais que identificam a própria especialidade e que dependem de limites de variabilidade do perfil das encomendas.

[4] Aqui a expressão "generalidade" designa a condição inversa à especialidade, ou seja, situação de desequilíbrio que leva à incompatibilidade operativa das encomendas cujos atributos diferem entre si.

de transporte e seus custos, deixando de rever as tarifas e desconsiderando os limites preestabelecidos, não impondo restrições às encomendas sabidamente anômalas que adentram as operações com sérios efeitos na qualidade dos serviços e nos custos gerais.

Essa mudança compulsória na produção é a razão pela qual consideramos a atividade de transporte mais complexa do que atividades industriais de cunho repetitivo, cuja produção é previsível e programável. A crença contrária se desfaz tão logo se aprofunda o conhecimento da miríade de modos de operar transportes fracionados, cuja diversidade é decorrente dos *inputs* recebidos por meio das próprias encomendas, que carregam as mudanças e induzem a criação de novos modos de processamento na fábrica de transporte.

As encomendas são itens agrupados que viajam no tempo e no espaço carregando intenções e interesses que se ligam, os quais constantemente mudam. Para conceber especialidades e ordenar corretamente seus nexos operativos — premissa necessária para obter mais produtividade e resultados —, é incumbida ao gestor de transporte a tarefa de cortar a demanda sob critérios que guardam semelhança com a inteligência das noções de PCP (Planejamento e Controle de Produção) que são aplicadas nas indústrias. Na atividade de transporte, com as aproximações e adaptações necessárias, tais noções devem ser aplicadas em toda sua extensão teórica e prática.

No Brasil, as margens do transporte têm caído como as de quaisquer outros segmentos expostos à concorrência extrema, não havendo outra maneira de ampliá-las senão pela adoção de especialidades. Independentemente da flutuação dos valores de frete em resposta às mudanças das encomendas e aos mercados, caindo e subindo, a missão do transporte requer padrões que só podem ser alcançados dosando e controlando os fluxos que deprimem a produtividade, portanto uma das intenções desse estudo é saber quais encomendas são aceitáveis ou não nas operações de determinada especialidade. Quando medida adequadamente, a produtividade é o sinalizador dos erros e acertos de uma especialidade, que visa meios para atingir resultados tanto para clientes quanto para transportadores.

CAPÍTULO

Princípio de identidade das encomendas

As encomendas são edições particulares das cargas, das quais se diferenciam pelo maior grau de pessoalidade que carregam, com reflexos no valor dos fretes e nos tempos de entrega.

CAPÍTULO 02

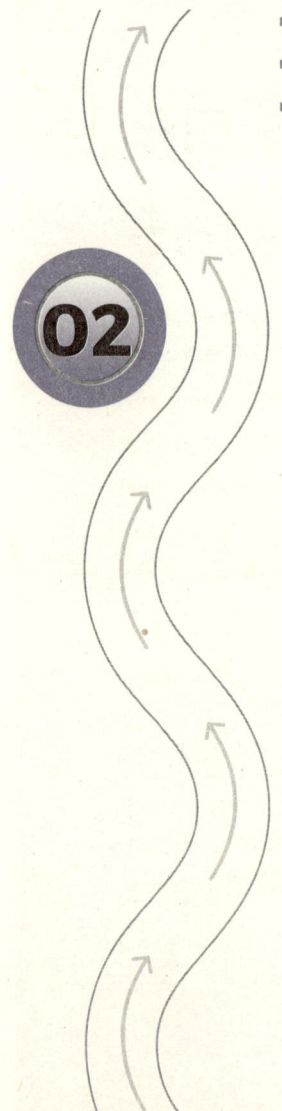

Podemos dizer que toda encomenda é uma carga, mas nem toda carga é uma encomenda, contudo o problema de fronteira entre uma e outra, e de suas misturas nas operações de transportadoras, são preocupações exclusivas do transportador, já que para clientes há apenas necessidades de transporte. Do ponto de vista prático, a definição objetiva de encomendas está ligada à noção de especialidade e, por extensão, à eficiência de custos por ela proporcionada. Assim, é importante compreender a natureza das encomendas, a qual pode ser rastreada na subjetividade que enraíza o princípio de identidade[1] que pode defini-las.

As cargas tendem à impessoalidade, enquanto as encomendas se aproximam das "pessoas" e de seus desejos, podendo haver diferenças na maneira de atribuir e perceber valor nas mesmas coisas, sendo esse um meio pelo qual se pode demarcar a fronteira entre cargas e encomendas. As encomendas se diferenciam das cargas pelo alto grau de personalização manifestado nos próprios bens ou na escolha de um conjunto deles na oca-

---

[1] Princípio filosófico segundo o qual as coisas são idênticas a si mesmas.

sião em que são comprados, o que lhes acresce valor, cujo sentido tem espectro amplo, não estando restrito apenas ao valor monetário, que é o mais evidente dos efeitos dessa manifestação. Nas encomendas, o valor cresce à medida que o encomendante busca satisfazer desejos e necessidades sob medida e demanda, estabelecendo novos propósitos às coisas encomendadas ao lhes atribuir fins e usos específicos: pessoais ou empresariais. Por essa razão, encomendas podem ser quaisquer coisas às quais os homens circunstancialmente associem sentidos e valores nem sempre presentes nelas *a priori*.[2]

O sentido que atribuímos à ideia de especialidade no transporte não é outro senão o de, por meio de conceitos de seletividade, conseguir criar negócios de transporte cujo arranjo operativo gere efeitos favoráveis a partir da reunião de diferentes encomendas, o que nada mais é do que descobrir, se não as causas, as correlações mais frequentes de tais efeitos. Essas causas ou correlações estão ligadas às características das encomendas, seus atributos, os quais, por assim dizer, devem ser isolados, nomeados e medidos sem desconsiderar suas inter-relações sistêmicas; cabendo, portanto, desenvolver um método seguro para selecionar encomendas: a encomenda conceitual.

A encomenda conceitual é uma plataforma sistêmica com a qual se realizam estudos de perfil e de mercado, e na qual, ao mesmo tempo, se definem o escopo da especialidade e as condições de pertença das encomendas à mesma, servindo, no uso comercial, como referencial comparativo do grau de aderência dessa pertença. Uma especialidade será um modelo autorreferente de perfil, na

---

[2] Para ilustrar: uma porção de terra remetida de uma área de mineração para um laboratório que fará uma análise físico-química de sua composição se torna uma encomenda. Notem que uma porção de matéria remetida de um ponto a outro pode assumir grande valor na medida em que lhe foi atribuído um sentido externo à sua materialidade básica.

medida em que o conceito[3] de identidade da especialidade será definido por meio da análise das encomendas: antes, durante e depois da efetivação do transporte, ou seja, as encomendas, em geral, são a fonte primária da qual nasce o conceito de uma especialidade, o qual define e reúne um grupo delas sob certa designação que corresponde a critérios preestabelecidos.

A encomenda conceitual é uma ferramenta de apoio ao pensamento e um sistema no qual, estudando o perfil das encomendas, o especialista pode, na medida do possível, apreender dinamicamente o fluxo de permanência e mudança das encomendas. É fato que as encomendas refletem as relações humanas, sendo afetadas pela migração do valor, que cai gradativamente nos produtos decadentes e cresce noutros, evidenciando a tendência à obsolescência que, conforme as relações de troca e consumo evoluem, provoca a transformação de alguns produtos, o surgimento de novos e o desaparecimento de outros. O especialista, assim, se obriga a rever as bases da especialidade e a atualizar as referências da encomenda conceitual para não perder a trilha do valor.

Se o valor tem natureza furtiva, é certo que o grau de aderência das encomendas pode mudar como efeito da mudança dos produtos que as compõem, exigindo que o especialista identifique e meça o fenômeno da maneira mais eficaz possível, a fim de efetuar mudanças na encomenda conceitual, seja no grupo de atributos que

---

[3] Um conceito é um universal (que define um gênero) cuja ocorrência de partes em dada ordem pode identificar casos particulares de determinado objeto, seja ele físico ou mental. Para melhor exemplificar a ideia de conceito tomemos o caso dos gatos. O conceito de gato é a uniformidade e regularidade de atributos partilhados por quaisquer gatos. É o sobrante abstrato do gato, sem o gato, porém, obviamente, o conceito de gato só pode existir nos gatos, ou não seria percebido, tampouco compreendido por nós. Um conceito é o invariante que persiste nas coisas, é a pertença do caso particular que permanece intacto quando há mudanças acidentais no objeto, que não perde a conexão com o universal (um gato sem uma perna ainda é um gato) que o define.

define a especialidade, seja nos resultados esperados dos indicadores da pertença, porém, mesmo que não haja modificação substancial do perfil das encomendas, alterações podem ser necessárias devido a mudanças de cenário alheias à vontade do transportador, as quais incluem as ações da concorrência e outros fatores.

CAPÍTULO

Elementos mercadológicos e socioeconômicos do transporte de encomendas

Se as encomendas são meios pelos quais agentes socioeconômicos interagem, o maestro que rege essa sinfonia de interesses é o profissional de transportes.

CAPÍTULO 03

 A complexidade das encomendas

As encomendas são o efeito prático e material das complexas relações humanas que, cada vez mais, podem ser efetivadas à distância, especialmente em uma época cujas tecnologias favorecem a interatividade virtual. Por interesse de classificação na gestão do transporte, as encomendas podem ser de natureza comercial ou simples remessas (quando não configuram uma troca econômica), sendo, em ambos os casos, potencialmente complexas pelas muitas combinações de objetos que podem compô-las, os quais variam em quantidade, peso, dimensão e valor mercantil, esse último, quando for o caso.

Tradicionalmente, uma encomenda é a designação de um agrupamento provisório que deve durar pelo tempo de transporte, no qual são acondicionados diversos conteúdos, em variados tipos de embalagens, configurando, nesse intervalo de tempo, um composto com identidade própria. No contexto de uma gestão 4.0, como preconiza o presente trabalho, porém, o transportador deve associar, para seu próprio controle industrial, um vetor cronobiográfico, ou o chamado Plano da Encomenda (PE), no qual devem estar previstos os processos pelos quais passarão os volumes até sua chegada ao destino.

Uma encomenda é, portanto, um meio-de-mover pelo qual objetos se deslocam de um ponto a outro, de um remetente a um destinatário, em segurança, pelo tempo de duração contratado em cada tipo de serviço, cabendo ao transportador responder às demandas de tempo e de modo claramente expressas pelos clientes e outras que chegam como sinais captáveis por meio dos atributos das encomendas, com os quais o especialista de transporte pode definir a melhor maneira de operar, custear e tarifar os serviços, encaixando cada encomenda em um fluxo geral de fabricação compartilhado no qual cada uma delas seguirá por ramos predefinidos.

A grande variabilidade dos perfis, cuja origem são os atributos das encomendas, obriga o transportador a escolher quais são mais aderentes a seu processo de fabricação, o qual, por definição, está ligado à especialidade adotada, cujos critérios de valor se baseiam na aceitação de encomendas que se encaixam em graus de aderência que resultem em um modo de operar com qualidade e rentabilidade. Trata-se, pois, de um processo de gestão reativo, já que não é possível controlar, senão apenas indiretamente, a mutabilidade e a diversidade das encomendas, estabelecendo metodologias a partir das quais as variações dos atributos possam ser estudadas para permitir ao especialista atuar contra a proliferação de encomendas anômalas, as quais podem ingressar despercebidas nos fluxos como novos produtos ou pela alteração dos produtos preexistentes.

Como no transporte não pode haver solução de continuidade, não é o caso de paralisar um serviço ao curso de dificuldades alheias à vontade do transportador, todavia isso não quer dizer que os interesses do transportador não devam ser considerados. Que o transporte de uma encomenda anômala, cujo serviço foi iniciado, deva ser concluído, é obrigação inescapável do transportador, mas com a incidência frequente de uma mesma anomalia, associada a certas características (atributos) de encomendas eventuais, é preciso extrair da experiência acumulada um conhecimento que indique a modificação das ações futuras. Tal experiência, então, pode se efetivar como corte ou redesenho de processos, assim as referidas encomendas, antes consideradas anômalas, podem passar a integrar o escopo da especialidade, passando a ser controladas no sistema da encomenda conceitual como excentricidades da curva normal,[1] dada sua baixa incidência.

Outra característica da prestação de um serviço de transporte é sua inseparabilidade do executor do serviço, sobretudo dos profissionais operacionais que têm contato direto com remetentes e destinatários. Ora, se na dinâmica operativa há intercorrências que exigem flexibilidade do transportador, o valor dos serviços cresce pela qualidade efetivada e pela capacidade de reagir aos imprevistos com eficiência, seja pela quase simultaneidade dos posicionamentos, seja pela proatividade do entregador, que, como preposto não nomeado, age como um recurso avançado à disposição do cliente para garantir a efetividade da cadeia de valor.

O especialista, seu papel normativo no transporte e a cadeia de comando

O transporte não existe fora do ambiente social em que está inserido e com o qual interage, e as especialidades, que são "destaques de oportunidades" que selecionam encomendas a serem operadas em um mesmo "nexo de produtividade", são sistemas abertos que, para se manterem em relativo equilíbrio, estão em constante busca de parcelas de mercado cujas receitas gerem resultados positivos ao

---

[1] Curva normal ou distribuição normal é uma das mais importantes distribuições da estatística conhecida também como distribuição de Gauss ou Gaussiana. Foi primeiramente introduzida pelo matemático Abraham de Moivre.

transportador. O equilíbrio, mesmo sendo relativo, não é um processo acabado, decantado, por assim dizer, ou definitivo, isto é, que chega a termo em determinado momento a ponto de não mais precisar ser gerido. Na verdade, o equilíbrio é um fluxo contínuo que depende da capacidade informacional de sistema capaz de receber *inputs* cujas fontes são: o ambiente concorrencial, que flutua conforme os níveis quantitativo e qualitativo da oferta geral de transporte em cada parcela de mercado; o cenário econômico do país; a dinâmica operativa e a permeabilidade, que é uma fecundação recíproca de valor nas relações com clientes.

Nesse sentido, uma especialidade é uma orquestração constante na qual a busca de equilíbrio depende de um maestro do processo, um especialista, um gestor de transporte munido de ferramentas que o auxiliam a pensar as estratégias e coordenar a ação de seus liderados, provendo-os de informações necessárias para que possam melhor ordenar os fatores de produção, tanto na fábrica de vendas como na de operações. É o especialista que define prioridades em face das mudanças ambientais, dosando a oferta de serviços via tarifas vocacionadas à atração das encomendas focadas ou ao corte, no fito de atingir maior competitividade.

Em sentido amplo, o trabalho do especialista cumpre papel integrativo, seja na condução das forças internas como mentor que interpreta os sinais que lhe chegam, usando-os para definir o valor-cliente e o valor-encomenda (explicados mais adiante), seja como agente pedagógico que aplica didáticas que transformam essas informações em estratégias e táticas que serão usadas nos embates com a concorrência. O especialista a que nos referimos, contudo, não pode ser outro senão o próprio executivo de transporte, cuja formação pode ser eclética — acadêmica ou mesmo de iniciativa própria —, devendo ter perfil pragmático por excelência, pois assim exigem as dinâmicas do transporte.

Ora, tais capacidades são mandatórias porque o "para hoje" é a tônica do transporte, condição essa que acentua seu caráter imediato tanto na consecução das operações como nas ações executivas, as quais demandam respostas flexíveis para o imponderável do dia a dia, exigindo uma predisposição e uma habilidade cujo desenho é um misto no qual se conformam padrões produtivos e casuísmos, visto que, para cumprir o dia, que no transporte quer dizer algo que nunca se repete exatamente, é preciso agir no devido tempo. Essa característica distintiva faz com que os serviços e as tratativas com clientes carreguem a marca irremovível de cada executivo ou prestador de serviços, a qual constitui a força criativa e complexa do transporte, cuja potência pode e deve ser direcionada aos objetivos da especialidade.

Assim, para não flutuar no abstrato, o perfil do especialista deve incluir certas habilidades, não como restrições corporativo-elitistas, já que devem ser tais que possam ser ensinadas àqueles que atuam no segmento, estando, por óbvio, ao alcance de qualquer um. De certo que o especialista a que nos referimos — um profissional apto a atuar no transporte — deve ser alguém acostumado às mudanças, pois frequentemente deparará com necessidades inusitadas às quais deverá responder de imediato e para as quais nem sempre terá um roteiro exato a ser seguido.

Por outro lado, no âmbito das tratativas comerciais, fará parte de seu perfil profissional certa habilidade conformativa que o torne apto a propor soluções a clientes, sendo capaz de ligar as pontas soltas das estratégias de clientes para que possam funcionar de acordo com os padrões de transporte disponíveis a cada momento. Para tanto, lhe serão exigidos conhecimentos apropriados e capacidade de conduzir ao campo prático as ideias alheias, as quais, quando for necessário, deve corrigir ou amenizar os excessos decorrentes do possível desconhecimento dos clientes, ao menos em sentido mais profundo, das particularidades do transporte. Esse movimento de consultoria informal e viabilização real dos projetos alheios valoriza o gestor de transporte, o qual, tanto no âmbito da gestão como no da execução operacional, não se separa do trabalho que realiza.

A partir da afirmação da impossibilidade de separar o homem que presta o serviço do efeito de suas características, pode-se, erroneamente, considerar — como é o caso do pensamento administrativo obcecado por controles — que esse é um problema central ou um "mal" do transporte, e não, como cremos, uma de suas virtudes. Ora, no mundo da produção de bens tangíveis, a ideia de qualidade está intimamente ligada a rígidos padrões produtivos, sendo sinônimo da baixa variabilidade verificada nos produtos finais. Essa invariabilidade de padrões, a qual remete a bens que são cópias exatas, não é estranha ao transporte, e nele corresponde ao modo de prestar os serviços, cujos padrões também devem ter alto grau de rigidez.

A necessidade de flexibilidade da prestação dos serviços de transporte é mais comum nas fases operativas de coleta e entrega que correspondem às ações do transportador em interação com terceiros, isto é, fora da fábrica de transporte. Nessas fases, a variabilidade é mais provável, representando exceção parcial dos padrões como campo de ação flexível em sentido adaptativo, algo desejável nas ações do executor do serviço até um limite no qual ainda subsista objetivamente o estatuto de especialidade.

Para tanto, a variabilidade precisa ser medida por meio de método próprio: a encomenda conceitual. Tal método, como já mencionamos anteriormente, faz uso da distribuição estatística na curva normal para identificar as diferentes encomendas conforme seus graus de aderências aos padrões estabelecidos, o que, na prática, remaneja a ideia rígida de padrão, que na esfera produtiva de bens tangíveis corresponde à exatidão, e no transporte assume o sentido de coexistência e compartilhamento de encomendas não exatamente iguais, com seus corolários procedimentais, ainda assim compatíveis entre si nas operações.

Mesmo assim, devemos esclarecer que, embora profundamente marcado pela singularidade e pela pessoalidade do agente prestador dos serviços e das próprias encomendas, o transporte é uma atividade em que a concepção e a gestão devem ter padrões que definam a extensão de atuação do especialista, isto é, a própria flexibilidade precisa ter padrões e limites que indiquem a fronteira do particular e do determinado, de modo que as ações do especialista e dos executores dos serviços sejam flexíveis até um limite em que um razoável equilíbrio se verifique.

O capital financeiro e o transporte

Uma das características do transporte é contribuir ativamente com as estratégias de terceiros. O trabalho executivo no transporte consiste em conhecer os negócios dos clientes, buscando adquirir visão privilegiada de diferentes mercados tanto para oferecer soluções como para pensar o próprio transporte. Essa é uma das razões para abordarmos aqui questões de interesse geral, especialmente as que envolvem o substrato comum a todas as trocas comerciais: o capital financeiro.

O capital financeiro como investimento direto ou como concessão de crédito anima os mercados produtivo, comercial e, no Brasil, em especial, o próprio consumo, influindo nas cadeias de valor como condicionante das decisões dos agentes econômicos. No transporte, os efeitos desse impulso condicionador são sentidos nas demandas de preço e de prazo que incentivam o desdobramento da prestação dos serviços em especialidades, as quais ofertam arranjos dirigidos aos diversos sincronismos produtivos e comerciais.

As transações comerciais geram demandas de transporte marcadas pela escassez de capital financeiro, cujo efeito, por exemplo, nos comércios de pequeno porte são condicionantes que influem na tomada de decisão de transporte. Se tomarmos como exemplo a compra de um lote de produtos que precisa ser transportado de uma indústria para um comércio, o tempo de transporte e o custo do capital definem a extensão do lote em itens e valor. O lote comprado pode variar pela disponibilidade de capital do lojista, pelo tempo de fornecimento e pelo valor do frete, sendo provável que a margem e o giro de estoque influam na decisão.

Nas atividades que competem sob concorrência plena, principalmente as de comércio, nas quais costuma haver muitos ofertantes, a gestão de estoque depende de diversos fatores. O tempo de entrega é um dos principais. O giro de estoques costuma ser função direta da margem. Se ela cai, o giro acelera; se aumenta, o giro diminui. A escolha de transportadoras se ajusta às diferentes transações que exigem custo de frete e tempo de entrega para cada compra e venda. O lucro, na dinâmica do comércio, costuma ser margem x giro. E, obviamente, com um transporte apropriado, a justa medida a cada caso pode ser encontrada.

04
CAPÍTULO

Permeabilidade

A permeabilidade é o grau de integração no qual clientes e transportadores derrubam fronteiras físicas e sistêmicas em busca de benefícios mútuos.

Um novo patamar das relações comerciais

A filosofia e o sistema de CRM — *Customer Relationship Management* (Gestão do Relacionamento com o Cliente) — são sustentados por pilares conceituais. Um dos mais importantes é o de ponto de contato. O CRM nada mais é do que o registro e o uso de informações que chegam à empresa por meio de pessoas, processos compartilhados, sistemas de comunicação, integrações diversas e outros meios a partir dos quais é possível criar valor mútuo. Os outros pilares são conceitos que embasam os métodos mais óbvios de bem gerir as relações com clientes. O primeiro e mais importante deles é o de receita, que controla em certo período o valor das compras de um cliente; o segundo, que está diretamente ligado ao primeiro, é o de frequência, que controla os ciclos de compra e retorno do cliente; e o último, o de recência, que controla a data da última compra. Esses três conceitos de uso geral em qualquer CRM precisam ser adaptados às características do transporte.

Dada a grande oferta de serviços em uma mesma linha de especialidade, a demanda no mercado de transporte é disputada por diversas empresas, havendo muitas possibilidades de escolha acessíveis a um cliente. Essa é uma das causas da volatilidade das receitas de transporte, as quais podem flutuar bastante, podendo crescer ou cair sem aviso prévio, em um mesmo cliente, devido à facilidade que ele tem de mover parte ou todo seu fluxo para outro transportador. Essa dinâmica de possibilidade de mudanças da participação de mercado foge ao controle dos sistemas tradicionais, exigindo um sistema de CRM apto a captar sutilezas, capaz de granular e de medir: a receita, a frequência e a recência em cada nível de corte analítico a ser definido.

Antes de medir, porém, é preciso obter uma vasta gama de informações, assim um CRM compatível com uma gestão especialista no transporte deve facilitar uma verdadeira permeabilidade entre parceiros, permitindo o compartilhamento de conhecimentos e a adição mútua de valor. Em um primeiro estágio no qual ainda não é possível atingir uma integração plena, uma vez que isso depende do uso de novas tecnologias, a permeabilidade pode ser praticada como compartilhamento de estruturas, o que já vem ocorrendo, por exemplo, quando o cliente permite a presença do transportador em suas dependências, cedendo-lhe espaços para instalação de docas avançadas (com o fito de antecipar processos operativos no ponto de coleta e entrega); ou quando o transportador, por reciprocidade, cede espaços nas suas filiais para uso do cliente, que pode, inclusive, abrir filiais fiscais, cuja administração pode ser feita por prepostos (funcionários do transportador) ou por funcionários do cliente.

Tendo em vista a ideia de permeabilidade, em seu estágio primário ou em uma futura vertente mais evoluída, novas especialidades de transporte podem ser criadas para compatibilizar os interesses de transportadores e clientes. Tais interesses podem ser conhecidos com a medição dos atributos das encomendas na plataforma de gestão da encomenda conceitual que, sendo uma referência de foco e especialidade, é, por assim dizer, uma pedra de toque a ser usada para selecionar as encomendas que aderem à especialidade.

O sistema de CRM e suas ligações com a encomenda conceitual são meios pelos quais se podem registrar e extrair as medições dos critérios de valor, permitindo comparar os atributos de cada encomenda com as referências do valor-encomenda. Por outro lado, as abordagens comerciais registradas no CRM são outra fonte na qual se podem colher informações dos tomadores de decisão para enriquecer a análise do valor-cliente.

O foco e o que está fora dele

A gestão de foco no transporte é sinônimo de especialidade. Para definir um foco, ou focos que possam ser compartilhados em uma mesma operação, é preciso conhecer e controlar a tendência de mudança dos atributos nas encomendas, o que nada mais é do que tentar correlacionar essas mudanças a possíveis efeitos nas operações para, assim, imaginar quais grupos ou tipos de encomendas podem ser operados em regime de compartilhamento ou não.

Esse método de calibração de foco indica a necessidade de analisar cada encomenda, pois é evidente que carece de sentido qualquer tentativa de abordagem geral do perfil de um segmento econômico ou do "mercado de transporte" como um todo, que só existem como abstrações teóricas e referências superficiais para a gestão do transporte; para conhecer as encomendas com a necessária profundidade, é preciso avaliar os efeitos que elas causam nas operações e as possíveis causas e princípios formadores de suas características, quais sejam, no limite, as relações de agentes que, interagindo economicamente ou não, trocam bens.

O transporte nada mais é do que um efeito dessas relações que, sendo diversas, geram encomendas que jamais serão idênticas, ainda que ocorram sucessivas transações entre os mesmos agentes, as quais mesmo diferenciadas podem ter uma semelhança em sentido amplo, isto é, quando consideradas em uma amplitude larga de características, ou seja, considerando uma variação relativamente regular que obedece à ideia de regressão à média,[1] a qual só pode ser percebida numa análise de longos períodos de transporte. Logo, para o transportador, que é apenas um agente passivo, foco e especialidade advêm do princípio lógico de que a mudança de perfil, que se origina nas trocas econômicas ou não, entre remetentes e destinatários, implica a consciência de que a missão de transportar, que deve ser cumprida, deve corresponder a graus de aceitabilidade cujos limites estão descritos no escopo da própria especialidade, que deve ser conhecida pelos clientes e aceita por eles.

O desafio da gestão de foco e das especialidades é impedir a diluição que tanto pode advir da mutabilidade das encomendas de clientes operantes como de novos serviços que o transportador quer ofertar, mas cujos efeitos comerciais podem não ser os esperados, pois as encomendas atraídas podem ter perfis diferentes dos imaginados. Essas diferentes causas podem, pouco a pouco, levar o transportador à condição de generalidade com efeitos danosos à qualidade e aos custos operativos.

A encomenda conceitual é, portanto, o meio adequado de comparar objetivos e resultados, permitindo ao especialista voltar-se criticamente ao redesenho de processos e à revisão dos próprios serviços. A constante comparação e aferição do perfil imaginado e o realmente operado é um fulcro no qual as especialidades se apoiam e onde os especialistas podem radicar os conteúdos observacionais e práticos do foco: registros úteis à tomada de decisão que essa ferramenta proporciona.

---

[1] Em estatística, a regressão à média é o fenômeno que se apresenta quando uma variável extrema aparece na sua primeira medição. Ela tenderá a ser mais próxima da média em sua segunda medição e, paradoxalmente, se é extrema na sua segunda medição, ela tenderá a ter sido mais próxima da média em sua primeira.

É fato que, ao nascerem, as transportadoras partem de um esboço intencional prévio cuja base é conjectural. Esse esboço que antecede o foco é uma espécie de "destaque de uma oportunidade" que foi vislumbrado pelo empreendedor, destaque ao qual, depois, gradualmente, incorporou um modo racional de operar que também é fruto da experiência adquirida por tentativa e erro. Esse modo de operar é um "nexo de produtividade" que deve sustentar a intenção prévia e se tornar uma condição de possibilidade da especialidade, devendo evoluir com ela.

Muito embora uma especialidade seja uma maneira legítima de ampliar o valor percebido por clientes, tornando mais competitiva e eficaz uma operação focada numa seleção (recorte) de encomendas, há embarcadores com alto poder de barganha, dado o volume expressivo de encomendas que geram, que desconsideram os interesses do transportador, adotando postura unilateral e lesiva que tanto pode forçar a redução artificial dos fretes como impor o transporte de encomendas excêntricas, sendo essa uma outra causa da diluição de um foco. É evidente que não se deve admitir a agressão aos limites de uma especialidade, sendo preferível romper com clientes que queiram impor condições comerciais intoleráveis.

É bem verdade que um foco adequadamente definido irradia sentidos que esclarecem o posicionamento estratégico para vendedores e clientes. Focar é escolher o que se pode, se quer ou se sabe fazer bem com resultados econômicos, mas é também abdicar do restante: o que lhe é exterior e, então, cortar. Logo, um foco eficaz jamais é um ponto de chegada, é um processo de pensamento, uma fronteira móvel que deve, conforme as circunstâncias, avançar e recuar.

São as circunstâncias, no entanto, que modificam o foco e fazem com que ele se molde a cada momento com a precisão requerida. O foco no transporte é resultado de uma convergência de decisões que restringe e condiciona possibilidades e ações, e não o contrário. Focar, na gestão de serviços, é explicar o que não pode ser feito. Diferentemente das atividades industriais, nas quais os esforços resultam em produtos tangíveis cuja variabilidade é baixa, nos serviços em geral, e no transporte em particular, os clientes desejam moldar (antes e durante a fabricação) o atendimento que recebem a cada demanda que geram. Isso não seria problema não houvesse efeitos danosos advindos de intervenções dessa natureza, as quais comumente corrompem a qualidade e prejudicam a rentabilidade do transportador. Por isso a gestão de foco é a garantia de uma governança eficaz, que deve ser realizada por meio de projetos. No transporte, controlar o que é ou não foco equivale a programar a produção, desenhando as linhas de produção pelas quais as diferentes encomendas devem passar na fábrica de transporte. Por óbvio, se devem considerar as necessidades de clientes, mas isso deve ocorrer no tempo, ou seja, é preciso que os novos modos de operar sejam, se for mesmo o caso, primeiro incorporados aos processos de fábrica para, depois, integrar o portfólio de serviços.

O foco em transporte, portanto, precisa ser uma convergência de interesses sem incluir, todavia, necessidades ocasionais, pois os padrões de produção não podem ser desconsiderados. As particularidades devem ser analisadas à medida que aparecem, sendo consideradas como possíveis alterações evolutivas do nexo de produtividade. E nisso não há nenhum grau de menosprezo e insensibilidade; há, sim, alta consciência de foco.

CAPÍTULO

05

A ideia de especialidade no transporte

A ideia de especialidade em transporte é uma lâmina conceitual que corta e escolhe, na demanda geral de cargas, os perfis das encomendas que nortearão a criação dos paradigmas de valor-encomenda e valor-cliente.

Uma história do corte

O corte foi a grande invenção que nos libertou dos imperativos da natureza, não só no sentido físico, mas sobretudo no sentido das ideias, pois permitiu novos usos e fins para as coisas e para o próprio mundo. A história humana pode ser contada a partir do impacto das diversas ferramentas de corte que o homem criou para enfrentar os desafios que a vida lhe impôs. Os primeiros usos foram físicos: as pontas de sílex, as lanças de caça e os primeiros implementos agrícolas. A noção de corte que prioritariamente nos interessa abordar — no sentido das ideias — remete aos usos elaborados do pensamento abstrato, usos que permitiram prodígios notáveis. Um dos primeiros usos foi representar animais com pedras, uma aplicação prática que antecedeu a noção de contagem numeral. A ideia era simples: ao raiar do Sol, o pastor liberava o rebanho e, a cada animal que saia, separava uma pedra. Ao pôr do Sol, para cada animal que retornava, uma pedra era retirada do lote. Com esse procedimento simples, o pastor controlava o plantel que tanto podia crescer (se novos animais se juntassem ao rebanho) como diminuir, se algum se perdesse. Possivelmente, na esteira dessa ideia seminal e de outras semelhantes, nasceram as primeiras noções de cálculo, cujo sentido vem de *calculus*, justamente "pedra", em latim. Com o tempo, a representação por meio de pedras foi substituída por símbolos abstratos e números que facilitavam as operações de contagem.

A cronologia desse enredo encontra seu primeiro registro histórico nas primeiras civilizações que floresceram no crescente fértil, hoje parte do Oriente Médio, onde primeiro surgiu a escrita cuneiforme, com a qual era possível grafar em placas de argila mole (depois cozidas para endurecer e durar) a representação dos víveres e animais que cada produtor possuía. As placas eram inventários de propriedade do que os produtores haviam deixado sob a guarda do palácio, e se tornaram tão confiáveis e práticas, que passaram a ser usadas como moeda de troca nas transações do comércio local. Alguns historiadores acreditam que esses controles, de tão precisos, desencadearam, a partir do conhecimento da real necessidade dos estoques de subsistência da comunidade, a noção revolucionária de excedente, noção a partir da qual foi possível desenvolver o comércio institucional entre povos distantes e, por consequência, as primeiras atividades organizadas de transporte.

Os sinais registrados nas placas de argila abriram caminho para formas mais evoluídas de escrita, baseadas em símbolos, mas que ainda apresentavam dificuldade de serem aprendidas, dado o elevado grau de complexidade, ficando, por isso, restritas a escribas e sacerdotes. Mais à frente, os fenícios, possivelmente visando criar um método que facilitasse o comércio, desenvolveram o alfabeto fonético (baseado em sons), uma invenção genial, cuja utilidade foi permitir que escrevessem as palavras desconhecidas que ouviam dos interlocutores com os quais comerciavam nos portos mediterrâneos. Um desses povos, os gregos, apropriando-se dessa inovação, acrescentou vogais ao alfabeto fenício para facilitar ainda mais seu uso e possibilitar sua disseminação, a qual, de fato, ocorreu, pois logo a Grécia se tornou letrada. Assim, pela primeira vez na história, muitos puderam compartilhar uma inovação que, mais do que uma invenção genial, se tornou um meio de acesso aos conhecimentos[1].

Séculos depois, o corolário desse processo se fez presente na Revolução Industrial, um corte conceitual nos modos de vida e de produção que primeiro ocorreu na Inglaterra (1760 a 1840). A ascensão dos novos modos de produção impulsionou o crescimento populacional de muitos centros urbanos, gerando uma verdadeira ebulição cultural da qual emergiram novos comportamentos e necessidades. A produção passou a ser pensada para as massas, ampliando a demanda por transporte.

Atualmente, com o aumento da complexidade das demandas econômicas, há crescente oportunidade de especialização da atividade de transporte, todavia o verdadeiro sentido de especialidades no transporte só pode ser desvendado através do entendimento das íntimas relações dos fluxos, a partir das quais se podem estabelecer critérios de análise e decisão de quais tipos de encomendas podem ser operados em uma mesma fábrica de transportes. O corte toma, assim, um sentido muito preciso para uso no transporte: a seleção e posterior reunião de fluxos afins em um escopo de serviços especializados.

---

[1] Não à toa, a civilização grega fez uso como nenhuma outra do pensamento abstrato e produziu "cortes" que foram verdadeiras pontes para o futuro: a filosofia, a democracia constitucional e muitas das ideias que fizeram florescer as ciências e as técnicas da atualidade.

Estratégias de corte

É evidente que o transporte é atividade auxiliar e meio pelo qual a economia progride, mas a condição de meio não pode denotar passividade nem se tornar submissão às vontades irrefletidas de clientes. A função auxiliar do transporte deve ser predisposição para a permeabilidade nas parcerias, cujo valor se sustenta por meio das interlocuções contínuas que visam ao justo equilíbrio dos interesses de ambas as partes. Evidentemente, seria desnecessário descrever algo que é bastante óbvio, não fosse o fato de que muitos transportadores tendem a agir, conscientemente ou não, contra seus interesses, já que são comuns as tarifas vis e a tolerância às encomendas estranhas ao foco.

Devemos, contudo, ter cuidado em não tirar conclusões precipitadas. A prática de tarifas vis e a tolerância com encomendas inaderentes ao foco não quer dizer que flutuações tarifárias e variações de perfis não devam integrar a política comercial. A questão é mais complexa e se espraia numa reflexão sobre quais seriam os limites tarifários aceitáveis e em que circunstâncias se podem aceitar encomendas fora de perfil. Assim, para além de interpretações relativistas, é preciso remanejar a própria noção de foco, já que mesmo numa larga noção de foco, uma designação de transporte especialista só fará sentido se o rol de encomendas transportadas corresponder à efetiva possibilidade de criar ramificações nos fluxos operacionais com diferentes processos que sejam, em algum sentido, compatíveis entre si, na medida em que devem compor um fluxo geral adequadamente integrado, isto é, que incorpore os diversos ramos operativos sem que a produtividade seja comprometida e a rentabilidade prejudicada.

Partindo do pressuposto de que o mercado de transporte é um conjunto de mercados nos quais as encomendas não existem no exato perfil desejado e na quantidade estimada pelo escopo de uma especialidade (destaque de oportunidade), é natural que o transportador tenha que processar uma diversidade de perfis dentro da amplitude da especialidade que elege. Os métodos de agregação dos diferentes fluxos são parte da estratégia do transporte, consistindo na aplicação de tarifas com variações sutis que sejam, ao mesmo tempo, rentáveis e capazes de cooptar encomendas nas mais diversas origens, entendidas essas como localidades ou clientes, com o fito de compor os fluxos em cada afluente da rede de distribuição, segundo o interesse da especialidade e de acordo com a capacidade de cada afluente. A busca de encomendas em diversas fontes tem a intenção de inseminar a rede de operações, sobrepondo fluxos pela abordagem de *skimming*[2], abordagem que se efetiva com fretes ajustados às condições de cada corte mercadológico, visando amenizar os efeitos danosos da ociosidade.

Em tempo e à guisa de ilustração: a abordagem de sobreposição de fluxos pode ser comparada à venda de diferentes bens com diferentes margens de lucro em um ponto de venda, medida que ajuda a amenizar o impacto dos custos fixos pelo aumento do montante de receitas. No comércio, é comum que bens de diferentes qualidades e marcas coabitem em um mesmo espaço de uma loja física, visando atrair diferentes perfis de consumidores. Se no ato de comprar bens o consumidor decide sob critérios de custo-benefício, no transporte, igualmente, as decisões do comprador consideram as ofertas que melhor aderem às suas necessidades, as

---

[2] *Skimming* ou simplesmente desnatação é uma estratégia de marketing que opera pela lógica do fatiamento de um mercado, consistindo em sucessivas e decrescentes ofertas de preços de um mesmo bem visando amealhar consumidores com diferentes percepções de valor. Na prática, ao longo do tempo, com a exaustão de uma parcela de mercado, o preço cai para atrair novos consumidores.

quais costumam variar por encomenda. Sabendo disso, o transportador pode incentivar o acréscimo de fluxos adaptando suas tarifas a molde das particularidades de cada encomenda, buscando atrair as que, não sendo muito fora de seu foco, possam lhe ser úteis para compor seus fluxos.

As decisões de compra não são, em geral, tomadas apenas sob condições racionais como pensavam os filósofos utilitaristas[3]. Recentes estudos de economistas da nova linha comportamental[4] concluíram que nas etapas preliminares à efetivação de uma compra ocorre o chamado "efeito de posse ou dotação", ou seja, há um "crescendo" que antecede a compra, uma fase de flerte na qual o consumidor antecipa a posse do objeto de seu desejo, após a qual o impulso de consumo é favorecido por certa aversão à possibilidade de perda daquilo que ainda não possui. Trata-se, pois, de um efeito emotivo que favorece o impulso de compra bem mais comum do que costumam admitir os adeptos da crença no consumo racional.

No âmbito do transporte, à semelhança do consumo de bens, nota-se que, ao longo das tratativas comerciais tanto com a área de transporte como com a de compras, é possível explorar os efeitos da ideia de posse e dotação. Quando os entendimentos comerciais evoluem positivamente, os decisores costumam imprimir sua marca pessoal nos projetos e nos desenvolvimentos de integração, gerando um efeito similar ao de "posse ou dotação", o qual pode ser simplesmente a satisfação profissional de ter realizado algo significativo ou, efetivamente, um ganho de reputação na organização em que trabalha. É claro que esses ganhos costumam incentivar a consumação e a manutenção de parcerias.

---

[3] Jeremy Bentham e John Stuart Mill, dentre outros, influenciaram as ideias que deram o tom e embasaram a ciência econômica tradicional.

[4] Daniel Kahneman, Vernon Smith, dentre outros, estabeleceram uma nova linha de investigação que emergiu da fusão dos conceitos econômicos tradicionais e da psicologia.

Quanto ao tema do corte, se há muitas transportadoras ofertando transporte em seções de mercado que se entrecruzam, cada uma competindo com serviços que buscam cooptar encomendas aderentes ao seu escopo especialista, é certo ser preciso adotar modos de suprimir e incentivar demandas, ou seja, cortar. O corte é a garantia da integridade especialista, cuja precisão — que na medida do possível deve ser cirúrgica — é possibilitada por tarifas sob medida e demanda, as quais sejam capazes de superar as estratégias aplicadas pela concorrência na disputa pelas encomendas desejadas.

Abdicação

A maneira mais radical de cortar é abdicar de clientes. Essa noção indica a necessidade de não transportar. A abdicação pode ser uma reação às encomendas cujos atributos são avessos às intenções do foco e ao escopo das operações ou uma reação às dificuldades alheias à vontade do transportador, como é o caso, por exemplo, da insegurança endêmica que, no Brasil, obriga o transportador a abdicar de encomendas com certas características. Os itens do portfólio de vendas de uma empresa que costumam gerar receptação de roubo ou que incentivam o furto interno (dentro da própria transportadora) podem indicar a necessidade da abdicação nos casos em que não é possível o recorte (exclusão parcial) das encomendas que os contêm. O roubo e o furto de cargas não são fenômenos exclusivamente brasileiros, mas é fato que no Brasil os efeitos da insegurança no transporte têm assumido contornos de extrema gravidade, levando muitos transportadores à prática radical da abdicação ou até mesmo a abandonar a atividade.

A ideia de especialidade no transporte

Outra prática comum que decorre da experiência negativa com clientes e itens que atraem roubos e furtos é a abdicação a priori de clientes semelhantes que vendem os mesmos itens, impedindo a concretização de muitos negócios. A prática pode ser, ao mesmo tempo, uma solução e um risco, pois nem sempre se domina a contento as informações necessárias para uma consistente tomada de decisão, já que mesmo se sabendo quais itens historicamente atraem riscos, é difícil antecipar quais novos itens serão objeto de interesse do alheio. Fato é que, no Brasil, a incidência de roubo de carga está crescendo e mudando, não mais obedecendo a critérios previsíveis, visto que o problema não se restringe mais ao crime organizado, que sempre buscou produtos de fácil receptação.

Na realidade, o roubo de carga tem se tornado difuso. Com o aumento, nos últimos anos, do combate ao tráfico de drogas, roubo a bancos e roubo a cargas (este último com foco nas quadrilhas especializadas), tem crescido a incidência dos chamados roubos de oportunidade, assim, ladrões que antes atuavam noutras modalidades de crime passaram a atuar no roubo a veículos de carga, escoando seu butim no comércio ambulante. A insegurança generalizada que decorre desse fenômeno tem prejudicado a estratégia de abdicação, uma vez que ela em nada diminui os eventos de roubo. O efeito dessa realidade tem sido deslocar a abdicação de seu foco inicial: de clientes e itens de risco para as regiões onde há grande incidência de roubo, forçando o transportador a excluir cidades inteiras ou partes delas (faixas de CEP) das relações das praças nas quais divulga onde atua.

O recorte

A maneira habitual de corte é o recorte: quando apenas parte das encomendas é aderente e se pode tentar cooptar a parte de interesse. A prática pode ser incentivada com o uso de tarifas cirurgicamente direcionadas, a qual depende de recursos técnicos para identificar as encomendas focadas e cobrar fretes diferenciados. O recorte não é uma estratégia única, varia por transportador e pode variar profundamente em um mesmo transportador que atua ao mesmo tempo em diferentes mercados nos quais é preciso adotar graus diferenciados de corte que acompanhem e se ajustem às diferentes relações dos agentes econômicos. Não é exceção ser preciso ofertar serviços de transporte sutilmente distintos em cada uma das seções de mercado, cujo delineio pode ser baseado na percepção de que certas necessidades de transporte ocorrem mais frequentemente em certas circunstâncias e áreas. Essas seções são resultado da análise dos mercados e de suas interações comerciais, uma vez que os mesmos produtos podem ser vendidos de maneiras diferentes (com diferentes preços e sob condições diferentes de aprazamento), pois essas condições são critérios de possibilidade para os ofertantes de bens ampliarem presença nas cadeias de valor comerciais ou produtivas. Outro ponto de diferenciação das demandas de transporte corresponde às diferentes necessidades dos agentes econômicos que realizam trocas em posições variadas nas cadeias de compra e fornecimento — distribuidores, indústrias, comércios e outros agentes —, os quais costumam abordar seus clientes através de ofertas que agregam diferentes produtos e serviços, gerando lotes de peso e valor distintos que, por sua vez, geram demandas de transporte que exigem tarifas e serviços adaptados.

No que toca ao transporte, as abordagens possíveis que o livre mercado proporciona tanto para clientes como para transportadores, ambos os quais operando juízos de custo de oportunidade, estão sujeitas ao desequilíbrio entre as capacidades operativas ofertadas e as demandas efetivamente operadas, razão pela qual a balança de forças pende ora para clientes, ora para transportadores. Essa é a razão para adotar estratégias de corte, as quais visam contornar dificuldades próprias da atividade de transporte, assim, no pensamento conceptivo das especialidades do transporte, os vários tipos de corte são um método de venda negativa, na medida em que opera exclusões. Se uma especialidade é uma busca continuada de mais produtividade, a qual depende tanto da escala quantitativa como da natureza qualitativa das encomendas, para chegar a um arranjo eficaz no qual bons serviços sejam prestados com custos enxutos, é preciso saber dosar a demanda.

CAPÍTULO

06

Critérios de valor para a seleção de cargas e encomendas

Se as especialidades de transportes decorrem de cortes ou escolhas de perfis, os critérios de valor são os diferentes fios de navalha que ajudam o profissional de transporte a decidir quais encomendas devem ou não ser transportadas.

CAPÍTULO 06

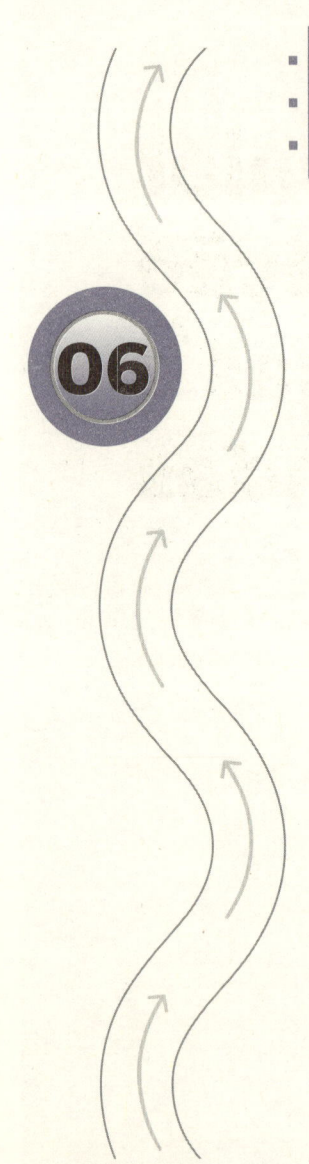

No transporte, conforme afirmamos anteriormente, uma especialidade supõe a possibilidade de gerir as condições de escolha de encomendas e clientes sob critérios e referências de valor. Com base nessa perspectiva, os critérios de valor são atalhos que facilitam a tomada de decisão por serem conhecimentos adquiridos a partir de medições e observações dos efeitos repetidamente positivos das interações de encomendas nas operações de transportes; efeitos a partir dos quais foi possível deduzir correlações de interesse.

Diante da diversidade de relações dos agentes das cadeias de valor, convertidas em milhares de trocas econômicas, com reflexos perceptíveis nas encomendas, é possível identificar as demandas de transporte mais aderentes à realização dos serviços nas condições presentes de uma especialidade, como também as que, mesmo não sendo tão aderentes a princípio, podem sugerir mudanças nos processos fabris-operativos, para sua incorporação oportuna e, por fim, as que, não sendo compatíveis em hipótese alguma, devem ser simplesmente cortadas.

Os critérios de valor provêm tanto das verificações já citadas como de outras fontes, das quais não é possível excluir as de cunho apriorístico; isto é, as que se originam da lógica pura, cujo caráter axiomático tem papel central na concepção e na melhoria de processos na fábrica de transporte ou mesmo no desenho de serviços inteiramente novos. A descoberta dos atalhos de pensamento, que chamamos de critérios de valor, integra o rol de competências necessárias à atuação do especialista de transporte, sendo o resultado natural do raciocínio e da atuação crítica e atenta de quem, ao realizar as ações executivas, não deixa de refletir sobre os modos de executar o trabalho, buscando melhorá-los.

O especialista, em sua prática comercial, a partir de correlações e aproximações indutivas, poderá fazer uso de critérios de valor na antecipação das prováveis características das encomendas de um cliente antes da efetivação de um negócio. Evidentemente, a ideia de experiência adquirida assume um sentido objetivo no campo de atuação dos profissionais de vendas na medida em que a dinâmica continuada das relações com clientes lhes dá acesso ao perfil efetivo de clientes e encomendas, permitindo-lhes, a partir desse conhecimento acumulado, fazer comparações com os perfis de outros clientes nos quais as encomendas podem ser semelhantes. Os juízos prévios que emergem dessa dinâmica são pré-conceitos úteis em vários sentidos, mas um de seus usos mais óbvios é ajudar a conceber um primeiro desenho tarifário até que seja possível realizar uma análise mais acurada do perfil.

As condições favoráveis para a prestação de serviços de transporte — que podem ser observadas e medidas — e a aplicação da lógica são fontes de conhecimento das quais se deduzem as melhores correlações. Em princípio, as encomendas são a fonte central do valor, mas serão provenientes do cliente, que é a causa primeira das encomendas e que balizará a possibilidade e o acesso a seu valor, portanto é o caso de pensar o valor no transporte a partir de duas perspectivas encadeadas: o valor das encomendas e o valor dos clientes.

Os critérios de valor-encomenda são generalizações de uso comercial que foram deduzidas a partir das repetidas interações, com evidentes efeitos no aumento da produtividade, das diferentes encomendas durante o processo de fabricação dos serviços, e cujas causas podem ser confirmadas por estudos dos atributos das encomendas, estudos esses que têm diversas aplicações na gestão do transporte, mas que, sobretudo, podem propiciar, dentre outras possibilidades, a extração de fretes mais remunerativos.

Os critérios de valor-cliente são juízos mais amplos que decorrem das percepções dos especialistas de transporte a partir das relações com *stakeholders*:[1] clientes, colaboradores, fornecedores, governos, organizações não governamentais (ONGs), entidades privadas e demais agentes sociais. Na gestão que preconizamos, tanto os critérios de valor-encomenda como os de valor-cliente podem servir de atalhos da tomada de decisão, pois, à medida que seu uso se torna sistemático e frequente, os tempos de ação e reação são reduzidos.

Critério do custo econômico

A maturidade de foco é a condição na qual o transportador antes de realizar um negócio já possui certa noção das prováveis necessidades do cliente *prospect*. Nessa fase, alguns raciocínios básicos antecedem o contato comercial no sentido de identificar a aderência de perfil das encomendas. Do ponto de vista da tomada de decisão de fazer ou não um negócio, o critério do custo econômico se desdobra em três abordagens analíticas que operam ao mesmo tempo: (1.) a abordagem de *trade-off*,[2] ou de custo de oportunidade, cujo sentido é imaginar que em linhas gerais todo novo fluxo a ser adi-

---

[1] Grupos de interesse.

[2] *Trade-off* é uma expressão que define uma situação em que há conflito de escolha. Ele se caracteriza em uma ação econômica que visa à resolução de um problema, mas acarreta outro, obrigando a uma escolha. Ocorre quando se abre mão de algum bem ou serviço distinto para se obter outro bem ou serviço distinto.

cionado, sendo uma escolha, implica uma ocupação de capacidade que representará uma renúncia de outro fluxo, uma vez que não há capacidade ilimitada nem se pode adicionar qualquer fluxo em detrimento do foco; (2.) a abordagem de custo-benefício, cujo sentido é tentar, mesmo que mentalmente, julgar quais são os benefícios de escala qualitativa, escala essa que é pensada em termos de fabricação enxuta, nas diversas fases operativas, ou seja, de ganho efetivo de produtividade que realmente advenha do compartilhamento das encomendas entrantes com as historicamente operadas; (3.) a abordagem do custo irrecuperável ou afundado, cuja noção, parecendo estranha, é um julgamento de cunho empírico no qual se escolhem alternativas de negócios que, no limite, representam a possibilidade de ingresso de novas encomendas a serem operadas em uma estrutura de custos previamente dada, quer dizer, encomendas que, ao serem adicionadas aos processos operativos, podem gerar um melhor aproveitamento de capacidades não utilizadas em sua plenitude, o que no transporte se costuma designar genericamente como ociosidades operativas.

No transporte, todavia, as escolhas não são exemplos de *trade-offs* nem são decisões puramente racionais, isto é, não são mutuamente excludentes nem ocorrem entre casos particulares. Em linhas mais gerais, dada a multiplicidade das encomendas e das misturas de perfil que, por vezes, ocorrem nos mesmos clientes, antes são escolhas entre gêneros, ocorrendo a priori conceitualmente nas definições estratégicas do foco e, depois, na prática, quando se está a avaliar um cliente e suas encomendas. Uma possível decisão lógica seria escolher, a principio, focando, por exemplo, um cliente que faz parte de um segmento de mercado conhecido, dada a ocorrência de outros clientes operantes com bons resultados de custo-benefício, razão pela qual, por correlação, tal escolha assumiria prioridade em relação à de outro cliente cujo segmento e o perfil não apresentem resultados tão positivos.

O problema, entretanto, não é tão simples, pois nem sempre há um efetivo conflito entre tais escolhas, seja porque nem sempre podem ocorrer ou ocorrem ao mesmo tempo, seja porque em alguma medida escolher a ambos — o que equivaleria a não escolher — pode ser interessante quando outras análises fazem sentido, como é o caso, por exemplo, de se identificarem ociosidades pontuais ou não em algumas das fases operativas, o que poderia justificar a manutenção de encomendas com perfis menos aderentes.

Dessa forma, a verdadeira escolha, se podemos mesmo chamar isso de escolha, se daria a posteriori, como se após a experiência operativa de certas misturas de encomendas fosse possível revelar quais encomendas e clientes devem ser mantidos ou descontinuados, tendo em vista uma aproximada medição do custo-benefício que desempataria um suposto conflito entre escolhas, algo bem difícil, mas não impossível, de definir.

Aqui entram em jogo muitos critérios de valor e a ideia de que o custo irrecuperável na hipótese do compartilhamento reduz as ociosidades, sem desconsiderar as modificações das próprias misturas operadas ao longo do tempo. Não é fácil escolher qual é a decisão correta a ser tomada, mas é o caso de se ter como critério uma análise perspectivista cujo sentido não é outro senão julgar simultaneamente as escolhas, tendo como ferramentais teóricos os conceitos de custo econômico.

Essa adaptação do pensamento econômico, com a aplicação dos conceitos de custo econômico às lides comerciais do transporte, é de importância fundamental na ideia de gestão de especialidades, na medida em que o conhecimento em profundidade do foco e a identidade precisa das encomendas mais e menos aderentes a ele permitem decisões mais acertadas.

Critério da preferência temporal

A percepção de tempo sofreu alterações ao longo da história. Da Pré-História até o fim da Idade Média a ideia de tempo e sua percepção estiveram marcadas pelos ciclos naturais. O tempo era um fluxo pelo qual os homens se deixavam conduzir sob a égide da crença e do destino. Foi com a Revolução Industrial que os conhecimentos e as conquistas técnicas da modernidade chegaram às fábricas nas quais as máquinas passaram a ditar os ritmos do trabalho, mudando para sempre o tempo, que deixava de ser naturalmente percebido e passava a assumir a condição de recurso a ser aproveitado da melhor maneira possível. Esse novo insumo, assim, passou a ser cortado e recortado sob impulsos e intenções a mando do homem.

Nos usos do transporte, o tempo sempre foi um componente presente nas condições de comércio, que sempre funcionou a partir do abastecimento de bens produzidos localmente ou não. Dessa forma, o espírito desbravador dos primeiros comerciantes-transportadores fez do tempo um componente crucial na formação e manutenção das rotas de comércio, como, por exemplo, a rota da seda, cuja duração histórica e os longos trajetos cumpridos por caravanas de animais cargueiros atestam a importância da frequência de abastecimento, associando valor ao tempo de transporte e gerando o primeiro impulso de separação do comércio e do transporte, que pôde se tornar uma atividade independente.

O critério de valor da preferência temporal tem sua origem nesta intuição: o valor das coisas hoje sempre se sobrepõe ao valor delas amanhã, ou seja, desfrutar de algo antes vale mais do que fazê-lo depois. Se tal ideia encontra respaldo naquilo que todos partilham — a sensação da passagem da vida e o consequente sentimento de escassez de tempo —, as medidas de aprazamento são identificáveis como princípio válido e vigente nas trocas econômicas, as quais, indiscutivelmente, em algum momento, dependem do transporte.

A preferência temporal estará, portanto, presente em quaisquer operações de transporte, variando em grau de importância segundo outros valores presentes na troca econômica e prescrevendo necessidades de prazos de entrega ad hoc proporcionais às particularidades do composto situacional. O fato é que a preferência temporal é presença certa nas especialidades de transporte, devendo fazer parte do planejamento estrutural e das demais condições da prestação dos serviços. Do ponto de vista da decisão comercial, isto é, do uso desse critério de valor, o conceito que o embasa é a noção óbvia de que, às exigências de prazos de entrega mais reduzidos, deverão corresponder fretes mais altos. Nesse sentido, a preferência temporal indica a necessidade de especializações operativas mais elaboradas com ênfase nos diferenciais de prazo de entrega.

Critério da ordem de prioridade

Pode-se dizer que há diretrizes de gestão cuja validade é tão ampla que podem ser consideradas axiomas aplicáveis a quaisquer especialidades de transporte, independentemente do foco e dos modos operativos. Esses axiomas entram na conta dos pressupostos que embasam o pensamento especialista e servem à prática do dia a dia como fórmulas da ação. Dentre os vários critérios que podem ser considerados axiomas, a ordem de prioridades na consecução de entregas e coletas é um imperativo por si mesmo logicamente válido.

A produtividade nas operações de distribuição local é dada pela quantidade de entregas e coletas que promove o uso otimizado dos recursos empregados (veículos de carga) em ciclos de tempo que correspondem aos compromissos de prazo de entrega assumidos. Tempo, capacidade, custo, frete e outros indicadores contidos no vetor de cada encomenda (PE)[3] são itens a serem considerados a cada ciclo operativo na tomada de decisão, devendo ser ordenados segundo uma matriz que decida a melhor roteirização possível. Quer dizer, a matriz de decisão é um arranjo no qual se define quais encomendas deverão entrar ou não nos roteiros de entrega do dia segundo uma ordem inversa do tempo de entrega, isto é, priorizando

---

[3] Plano da Encomenda.

as encomendas com tempo excedido (atrasadas), depois as menos adiantadas e, em seguida, as outras, se houver capacidade sobrante.

Apesar de a ordem prioritária da distribuição ser uma decisão lógica, nem sempre é adotada. Quando há excesso de fluxos nem sempre a ordem é o critério distributivo, é mais comum que se coloquem em rota encomendas mais à mão ou as que primeiro chegaram à filial. E, quando o movimento é baixo, são frequentes as tentativas de promover a produtividade por meio do acúmulo de fluxos sem analisar a cronobiografia das encomendas, ou seja, excessos e ociosidades podem suscitar decisões igualmente equivocadas, ora precipitadas pela atribulação do calor operativo, ora decorrentes de visões financistas das quais resultam o apressado represamento das encomendas nos terminais na tentativa de reduzir a ociosidade.

Em ambos os casos, é possível que no primeiro momento os efeitos negativos não sejam sentidos, mas tão logo os clientes notam a queda do nível de serviços, passam a reclamar ou simplesmente mudam de transportador.

Critério da concentração

Depois de adotar a ordem prioritária na distribuição, é evidente que a preocupação do especialista deve se voltar à abrangência geográfica de cada rota. Como a produtividade não pode ser um fim em si mesma, não é o caso de alcançá-la apenas manipulando as rotas, ou seja, mesclando-as umas com as outras conforme os fluxos disponíveis. O especialista deve encontrar meios de sopesar interesses: adensar os fluxos nas rotas necessárias sem descumprir os indicadores do vetor da encomenda (PE) e ainda mitigar o efeito da ociosidade.

Se as operações de distribuição que ocorrem concentradas em um raio restrito costumam propiciar uma alta produtividade no transporte, sendo essa equivalente à realização de muitos serviços de coleta e entrega em uma rota com ciclo curto de periodicidade, o objetivo óbvio das vendas será buscar estratégias de especialidade e derivações táticas que favoreçam esse efeito. Assim, se o corolário da concentração geográfica da distribuição é que — *ceteris paribus*[4] — rotas de distribuição com pontos de parada próximos melhoram o nível de serviços e reduzem os custos, gerando um círculo virtuoso que atrai novos clientes e fideliza os preexistentes, as vendas deverão focar as encomendas que geram esse efeito.

Dessa forma, obviamente, os critérios da ordem prioritária e os da concentração ficam encadeados em uma chave de problema: primeiro cuidar do nível de serviço e depois da otimização do custo. Ora, se a ideia de concentração não é apenas uma estratégia financeira, deve visar a uma exploração comercial mais minuciosa, uma "mineração" do potencial dos fluxos locais por meio de pesquisas de campo ou de medições mais sofisticadas, e o consequente uso da estratégia de *skimming*, que no transporte significa (conforme já dito) operar com tarifas sob medida e no limite do interesse especialista; quer dizer, a partir da consciência de que a ociosidade é inescapável em algum grau.

Para tanto, o estudo dos fluxos potenciais com destino e origem nas rotas envolvidas pode ser facilitado com o uso da encomenda conceitual, cuja base de dados tem origem na permeabilidade com clientes e em bases externas importadas, permitindo estimar o efeito de produtividade da mescla dos fluxos próprio e de terceiros.

Assim, seguindo a lógica do raciocínio, é possível associar valor às encomendas que podem vir a ingressar nas rotas e nas operações em geral, pois é possível estimar a queda do custo unitário e os ganhos marginais advindos da provável nova escala de serviços. Ora, se a abordagem da concentração amplia a rentabilidade, deve-se

---

[4] Essa é uma expressão do latim que pode ser traduzida por "todo o mais é constante" ou "mantidas inalteradas todas as outras condições".

medir e atribuir esses ganhos à proporção que afetam cada tipo de encomenda, associando a eles o valor correspondente de modo a permitir uma diferenciação tarifária que favoreça e atraia as encomendas mais interessantes.

Critério da operabilidade

Uma medição eficaz deve considerar não só a distância entre os pontos de parada, como sugerido anteriormente, mas também o tempo de operação por parada, o que, evidentemente, exige outro critério de valor. Logo, é preciso descobrir as correlações do perfil das encomendas com o tempo de cada parada, focando as características mais óbvias nessa linha de interesse: o peso total do despacho, o peso de cada volume e até mesmo a quantidade total de volumes, além de considerar a operabilidade favorável, ajuizando valor ao comportamento operacional amigável dos remetentes e destinatários, no sentido de facilitarem a rápida execução dos serviços.

Sendo assim, pensando nos termos da teoria sistêmica, a análise deve ser integrativa, isto é, deve considerar o efeito conjunto dos diversos fatores envolvidos em cada parada, registrando a variação estatística das correlações perfil-tempo para tirar conclusões úteis à tomada de decisão.

Por outro lado, se é sabido que as sensibilidades que mais pesam na tomada de decisão dos clientes são a competitividade tarifária e o melhor nível de serviços — esse último representando, sobretudo, melhores prazos de entrega, com ambas as sensibilidades variando por encomenda, nas quais são consideradas em proporções diferentes —, é evidente que, não havendo como alterar o nível de serviços facilmente, a maneira mais fácil de ampliar a densidade de fluxos, aumentando a concentração de serviços, é flexibilizar as tarifas, uma vez que assim é possível atrair fluxos rapidamente nas rotas de baixa concentração.

A redução tarifária, contudo, é mais útil à medida que busca atrair encomendas cuja exigência de prazo não é significativa, pois é evidente que, havendo pressa, a oferta de uma tarifa menor por si só não surtirá efeito. Quando, ao contrário, for o transportador mais veloz que adotar a redução tarifária para incentivar o incremento de fluxo, a estratégia será eficaz, podendo se tornar fonte óbvia de ganhos marginais para esse transportador.

Critério da ergonomia

O estudo do trabalho, incluindo suas condições e implicações gerais, é o tema da ciência ergonômica. Na atividade de transporte, que, em muitas de suas fases operativas, é marcada por esforços mecânicos de pessoas, a ergonomia é a base de um critério de valor utilizado em muitas atividades: na concepção de especialidades, no pensamento estratégico e no estudo e na descrição processual dos serviços, uma vez que, em maior ou menor grau, o homem será um meio direto ou indireto de executar ou dar sequência às tarefas operativas.

De uma extensa gama de abordagens e usos possíveis da ergonomia no transporte, a mais óbvia e intuitiva é a que toca os efeitos das lides operativas na fisiologia humana, cujos pontos de interesse comum aproximam e combinam esse critério de valor à medicina do trabalho, ciência que estuda os efeitos e impactos laborais no corpo humano a fim de encontrar e recomendar meios de preservar a integridade física dos trabalhadores, evitando doenças relacionadas às atividades operativas do dia a dia.

Em linhas gerais, o estudo ergonômico deve considerar as características antropométricas e biomecânicas dos operadores humanos para identificar possíveis causas de problemas, propondo, quando necessário, mudanças que levem à melhoria dos modos e meios laborais, tornando-os cada vez mais amigáveis, o que pode significar, sob análises de custo de oportunidade, o incremento ou não de tecnologias substitutivas dos esforços humanos.

No estudo ergonômico das especialidades, contudo, é consenso que o ponto de maior atenção são os estudos antropométricos que versam sobre as características ideais dos volumes nas movimentações físicas quanto à portabilidade humana, dada a impossibilidade de abdicar completamente das ações manuais, que muitas vezes são insubstituíveis, o que dá motivo para o aprofundamento de estudos ergonômicos e para as mudanças de ritmo, intensidade e modos do trabalho, demandados nos diferentes cenários operacionais.

Se a portabilidade é condicionada pelas medidas do corpo humano, ao menos nas especialidades do transporte fracionado e de encomendas os critérios de valor correspondentes devem se ater aos limites de peso e dimensão dos volumes para que esses correspondam à biomecânica humana, porém, em um espectro mais amplo de especialidades, ou seja, quando há incidência de volumes cujo perfil foge da portabilidade média, uma alternativa para driblar as limitações corpóreas seria o uso de equipamentos biônicos que podem ampliar as capacidades dos trabalhadores, permitindo que pessoas ergam pesos superiores e volumes com formato disforme ou excessivamente extenso.

Nem sempre tais tecnologias podem ser adotadas ou são viáveis, o que, como já dito, faz prevalecer a ação direta do homem, que atua sem anteparos de ajuda nos processos de movimentação. Assim, na prática, as movimentações físicas em geral ficam por conta dos trabalhadores: nos armazéns logísticos, com ou sem sistemas de sorteamento dos volumes; e nas operações externas de coleta e entrega, onde são comuns condições nem sempre favoráveis; pois são frequentes a ausência de plataformas e as grandes distâncias dos pontos de parada dos veículos de onde as coletas e/ou entregas ocorrem, dificuldades essas ampliadas por demoras e riscos cujas razões são diversas.

CAPÍTULO 07

Seletividade sob a perspectiva ergonômica

A ciência ergonômica ocupa espaço nobre na gestão da seletividade especialista.

CAPÍTULO 07

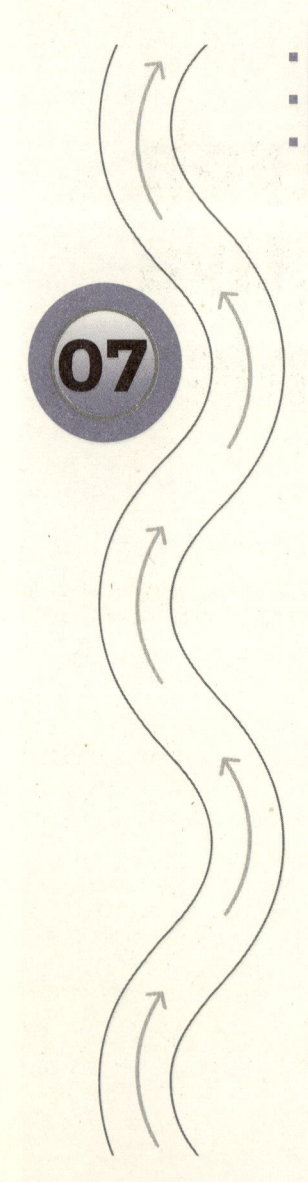

A seleção de encomendas de certa especialidade é instrumentalizada com uso de critérios de valor, conforme apresentado no capítulo anterior, todavia, ainda que se possa imaginar que as decisões seletivas possam, com eficácia, pretender o estatuto de precisão, na prática o conjunto de encomendas de um cliente costuma expressar uma diversidade que pode exigir uma abordagem de síntese.

Dito de outra forma, o juízo de valor para determinar o grau de aderência de encomendas às especialidades acaba por representar certa generalização, que só pode ser alcançada por meio de uma síntese do que são considerados bons e maus perfis de carga, especialmente no que se refere à fluidez e à produtividade operativas. E o critério mais importante que, conscientemente ou não, os gestores de transporte lançam mão para definir a fronteira entre bons e maus perfis é o de ergonomia, o qual primeiramente pode ser compreendido pela intuição.

Certas coisas realmente são intuitivas, mas é evidente que não podemos ficar apenas no campo da intuição, que poderá ajudar, mas não resolverá tudo, portanto é necessário aprofundar mais o entendimento de como se pode apreender a qualidade dos perfis. Começa-se por analisar o que seria a adoção de práticas intuitivas na ocasião de decidir o que são bons e maus perfis de carga.

Por intuição, uma encomenda será mais ergonômica quão mais portátil for ou, em sentido técnico, quão mais próxima de padrões (facilmente reconhecíveis) de ergonomia estiver, cujo sentido sempre é facilitar as tarefas humanas. No transporte de cargas e encomendas, a interação homens-volumes é a tônica da atividade, uma vez que, sempre, em algum momento dos processos operativos, um homem deverá mover volumes. Sendo assim, por inferência lógica e para ser breve, o melhor perfil é aquele com alto grau de portabilidade, mesmo porque essa característica coincide com outras facilidades de movimentação verificadas nas tarefas ligadas às transições dos volumes no fluxo operativo que ocorre nas lides de transferência e distribuição, quando há utilização de frotas. Mas isso ainda é muito vago. Vamos melhorar um pouco a explicação.

Para ser mais preciso, cabe ancorar esse conceito de ergonomia (no transporte) em certa regularidade de medidas. Quais? Ora, aquelas medidas que correspondem à chamada biometria humana, a qual, considerada em termos mais gerais e médios, é a capacidade de mover objetos, comumente verificada em todos os homens, cujas características promovem a facilidade, a velocidade e certo conforto do ator envolvido.

Essas características se encontram presentes em volumes retangulares cujos lados não excedem os 0,5m, crescendo seu valor ergonômico quanto menores forem as extensões de todos os lados. Esse volume ideal, com o lado maior (aresta) de no máximo 0,5m, estabelece um critério de valor crescente daí para baixo, pois quanto menor for essa medida, maior será a portabilidade, lembrando que existe também um limite mínimo a ser observado, porque, do contrário, chegaremos a medidas tão pequenas que entraremos no universo das correspondências, que não são objetos de interesse do transporte de cargas, ao menos numa mesma linha produtiva cujas características exigem padrões assemelhados entre os objetos tratados. Uma maneira de definir esse limite mínimo é dizer que o volume deve ser tão pequeno quanto puder ser carregado por uma mão, não sendo tão próximo de volumes que tendam à sensação de que tenham apenas duas dimensões, como as cartas, por exemplo.

Mas não é só isso que garante uma boa ergonomia, há um conjunto de facilitadores que precisam estar presentes nos volumes, dos quais destaca-se a massa de baixa densidade, não devendo ser maior do que $100kg/m^3$. Curiosamente, as cargas e encomendas mais ergonômicas são menos densas, o que pode parecer estranho para quem recomenda, como os transportadores brasileiros o fazem, a cubagem segundo o critério de $300kg/m^3$, mas aqui é preciso explicar que a cubagem não diz respeito à ergonomia, mas sim à necessidade corretiva dos pesos e, por conseguinte, dos fretes, ou seja, ergonômicas mesmo são as cargas volumosas, mas a ação de cubar não favorece sua atração, assim, na prática, as cargas que costumam ser mais aderentes são as medianamente densas ou as que podem suportar a cubagem, quando necessária, o que costuma ocorrer nos perfis que incluem produtos de alto valor mercantil, que suportam a cubagem, ou cujos fretes possíveis remuneram em nível tal que a cubagem pode ser desconsiderada. Mas há mais pontos a considerar nas análises ergonômicas.

São as condições acessórias de perfil que, sendo menos frequentes, não são menos importantes. Dessas condições destacam-se, de um lado, a análise do centro de gravidade dos conteúdos, que quando desequilibrados podem gerar riscos, e a impossibilidade de movimentação nos sorteadores mecânicos e, de outro, as características das embalagens, cuja qualidade e variabilidade dos materiais componentes podem aumentar ou diminuir a ergonomia.

Há, pois, uma gama de considerações, intuitivas e técnicas, que servem ao interesse seletivo na ocasião de estabelecer critérios de valor mais precisos para definir o valor-cliente e o valor-encomenda, lembrando que a ideia de síntese de valor se estriba sobretudo nos vários critérios de valor citados no capítulo anterior, mas a ergonomia responde pela parte mais relevante da análise porque é a sua ocorrência que pode gerar mais ou menos custos operativos, podendo, se não for considerada nessa posição especial, tornar inócuos os outros critérios de valor.

Dilemas dos gestores de transporte

O transporte de cargas fracionadas tem acesso a uma multiplicidade de demandas, cuja variedade permite a criação de diferentes especialidades. A experiência no transporte mostra que a condição de especialidade, identificada por um recorte de mercado, é a condição necessária para haver padronização operativa, cujo corolário é o equilíbrio de custos e receitas, ou seja, quem tem conhecimento sobre a matéria sabe que a única maneira de se obter resultados em transportes é por meio dos chamados "destaques de oportunidade", que nada mais são do que abordagens comerciais que visam atrair encomendas e cargas sinérgicas entre si para gerar produtividade operativa.

Dessa forma, é consenso que a obtenção de resultados no transporte depende da capacidade comercial de atrair e manter fluxos cujas características intrínsecas permitam operações produtivas, as quais podem ser escaladas sem que os custos unitários cresçam descontroladamente. A especialidade é o caminho necessário para que o crescimento de fluxos represente crescimento da produtividade. Contra isso não há argumentos, mas, na prática, a condição de especialidade não é fácil nem simples porque especialidade é algo ideal, na medida em que o conjunto de cargas e encomendas de uma carteira comercial reproduz a entropia da natureza, ou seja, tende à desorganização causada pelo ingresso de perfis estranhos ao perfil de carga definido no escopo da especialidade ou, melhor dizendo, tende à generalidade.

Especialidade é, pois, uma edição parcial extraída da demanda geral de transporte de cargas que, por definição, é a generalidade propriamente dita. A inteligência estratégica no transporte, quando atua de maneira adequada, busca divisar unidade na multiplicidade. Logo, pode-se dizer com acerto que qualquer especialidade é um recorte da generalidade, o qual, ao ser definido e buscado, precisa ser protegido por uma membrana estratégica composta de ações e posturas corretas dos gestores comerciais, que impede a mistura comprometedora provocada pelo ingresso sub-reptício de fluxos anômalos, os quais são sutil ou radicalmente estranhos aos critérios formadores da especialidade, que, no limite, a definem e a mantêm dentro de seus contornos comerciais e operativos, cujo sentido é preservar a produtividade. Mas nada disso é fácil de implementar.

O problema está precisamente no fato de haver riscos de que o recorte da especialidade perca sua eficácia comercial, justamente porque, como tudo que funciona e gera resultados econômicos, atrai concorrência, assim, há um dilema no sucesso: quando ele ocorre gera imitação e isso, por sua vez, faz as tarifas caírem e a especialidade perder fluxos e resultados. É o que costuma ocorrer com empresas de sucesso: atraem imitadoras que entram em um mercado que se imaginava cativo, quebrando a corrente do equilíbrio entre custos e receitas, mas isso não é nem certo nem errado, é a realidade.

A criação de especialidades e seu corolário de resultados, portanto, não pode apenas estar ligada a certos segmentos e recortes de mercado, mas precisa ser entendida de maneira substancial, acompanhando as mudanças de mercado e exigindo do gestor de transporte uma consciência clara do que é ser especialista.

Ser especialista é ser capaz de encontrar a abordagem comercial certa, observar o comportamento dos fluxos e manter vigente a noção de que a massa de cargas operadas precisa ser eficaz em seu objetivo precípuo: gerar operações eficazes e resultados econômicos, mesclando ou mesmo trocando os "estoques de fluxo" quando necessário. Essa conclusão é bastante lógica, e nada difere do que diversos transportadores sabem muito bem.

A inovação está na ideia de ter e operar de maneira compartilhada múltiplas especialidades numa mesma operação, à maneira das correntezas que fluem em um mesmo leito de rio. As correntezas, apesar de fazerem parte do rio, têm sua própria dinâmica, na medida em que fluem com velocidades e, por vezes, temperaturas diferentes. Essa ideia seminal introduz princípios que levam à prática dos multiprodutos de transporte, os chamados serviços-produtos, diferentes entre si em termos de tarifas, grades de prazo e modos operativos.

A ideia de multiprodutos ou multisserviços, porém, não implica transportar tudo, ao contrário, é um amadurecimento da ideia de especialidade, que se organiza na chamada possibilidade de superespecializações, cujas variações não fogem radicalmente de um núcleo próximo de atributos encontrados nas próprias encomendas. Dessa forma, as especialidades operadas em conjunto precisam ser próximas e sinérgicas, pois só assim a produtividade pode ser ampliada e a qualidade elevada, ou seja, mesmo em um mundo de ofertas de diferentes serviços-produtos de transportes, para se manter a eficácia operativa, há que se resguardar certos limites de perfil.

Síntese de valor e suas proporções e graus

A síntese de valor é um instrumento indispensável à ideia de especialidade e, por extensão, à ideia de multiprodutos. Nesse campo de definições conceituais, o tema da ergonomia é o principal critério de valor na ocasião de selecionar cargas e encomendas, bem como para separá-las em diferentes linhas operativas de serviços-produtos. A ideia é ter em mente o que se quer em termos de perfil e buscar isso na prática, sem degenerar em fanatismos caçadores de anomalias, mantendo a visão de seletividade com a justa tesoura do recorte, que pode ser mais ou menos afiada, tendo em vista, inclusive, a possibilidade da abdicação de fluxos e clientes. Não é fácil, mas é necessário. Sendo assim, o modo de fazer requer a noção de graus e proporções.

Os graus dizem respeito aos limites ergonômicos expostos anteriormente. Há graus mais e menos aceitáveis de incompatibilidades, cabendo análises pontuais, assim os limites de aceitação de certas cargas e encomendas devem ser pensados conforme os efeitos práticos de seu prejuízo às operações, levando em consideração, por senso de realidade, em contraponto, a noção de proporção, que nada mais é do que a necessidade de condescender com anomalias e excentricidades que algumas encomendas trazem, as quais podem vir de clientes cujos fluxos, em sua maioria, são muito afins aos padrões da especialidade.

Muito diferente é buscar clientes cuja maioria dos fluxos é incompatível. A ideia é, quando necessário, suportar algumas encomendas não tão compatíveis quando o cliente gera muitos fluxos compatíveis. É lógico agir assim porque isso amplia muito o universo de negócios possível, todavia mesmo essa decisão deve ser tomada com consciência e sob consultas às instâncias superiores da gestão de vendas.

A classificação Ergon e Ponos

Ergonomia é uma palavra da língua portuguesa que tem origem no grego. Para relembrar: ergonomia se decompõe em "ergon" (trabalho) e "nomos" (regras, normas). Ergonomia é, portanto, a ciência que estuda o trabalho com muitas derivações disciplinares que, dentre muitas variações, trata das relações dos homens com objetos, sejam eles instrumentos e ferramentas de uso manual, máquinas e equipamentos diversos ou os muitos anteparos de uso geral em diversas atividades.

Dessa forma, a ergonomia trata de tudo que contribui para gerar conforto nas diversas lides humanas, sendo, ao fim e ao cabo, um meio de preservação da saúde (física e mental), bem como um meio de as organizações obterem mais produtividade.

Na língua grega, contudo, havia duas palavras para designar o trabalho humano, as quais o classificavam como modos distintos. No pensamento grego, Ergon se referia ao trabalho criativo e, portanto, prazeroso; e Ponos se referia ao trabalho bruto, pesado, penoso (eis aí a origem da palavra penar), assim, para os gregos, em tradução e adaptação livre, havia trabalhos fáceis e difíceis, agradáveis e desagradáveis.

Transporte sob encomenda

A escolha de Ergon e Ponos como modos de classificação de encomendas por seu efeito operativo tem a intenção de, segundo critérios ergonômicos ou na ausência deles, dar às diferentes encomendas tratamento diferenciado nas operações, ou seja, as encomendas Ergon são aquelas cujas movimentações são bastante aderentes aos modos de operar, e as encomendas Ponos, aquelas que demandam tratamentos divergentes dos padrões mais comuns. Nesse sentido, portanto, são mais difíceis, não porque sejam piores, mas porque fogem do que pode ser feito com mais velocidade, fluidez e facilidade, acabando por criar entraves nas operações e quedas de produtividade. Eis o sentido de Ergon e Ponos no âmbito do transporte. Mas quais as implicações dessas classificações, comercial e operacionalmente falando?

Pois bem, no âmbito dos processos operativos, a busca por fluidez e eficácia se desdobra em ações de planejamento fabril cujos instrumentos de atuação partem do pensamento enxuto (*Lean Thinking*), com o uso ou não de tecnologias de movimentação física como as de sorteamento automático de encomendas. Mesmo assim, ou seja, com o concurso de medidas facilitadoras para operar, as encomendas Ponos nem sempre favorecem a produtividade, muitas vezes entrando em conflito ou mesmo prejudicando as movimentações físicas em geral.

As encomendas Ponos conspiram contra a intenção de reduzir custos com reflexos não só nas operações de terminais, mas também no uso racional das frotas, contudo elas existem e precisam ser operadas, estando presentes mesmo quando muito se fez para limitar seu ingresso.

As classificações Ergon e Ponos são importantes para entender e atuar comercialmente, porque é inevitável conviver com encomendas menos aderentes, pois, como já dissemos, mesmo com clientes cuja maioria das cargas e encomendas são Ergon, há casos de Ponos, conforme a ideia de "graus e proporções". Aliás, o uso das classificações Ergon e Ponos teria utilidade operativa para direcionar as encomendas Ponos, ou de volumes Ponos de famílias Ergon, quando são necessários tratamentos apartados. Mas não só: nas ações de vendas, as classificações Ergon e Ponos ajudam a ancorar a mente dos vendedores, predispondo-os a uma postura seletiva de perfis, com o uso do conceito de recorte e suas variações, permeando as decisões sob condições de interesse, representadas pelos conceitos de grau e proporção.

CAPÍTULO

08

Prólogo a uma gestão 4.0 no transporte de encomendas

Uma visão geral de como pensar e criar a fábrica de transporte: teorias e práticas.

CAPÍTULO 08

Um método vocacionado à mudança

A ideia de que a mudança é o motor do progresso empresarial virou um fetiche da administração contemporânea. Se o senso comum não questiona essa afirmação e crê que qualquer mudança trará benefícios, em termos lógicos, uma mudança que anule a identidade não é mudança, é dissolução.

No transporte, no sentido de preservar as noções de especialidade, mudar é, por assim dizer, ser capaz de efetivar, nos atos objetivos da gestão, decisões conscientes que consideram o quê, o como e o porquê se deve mudar, porém sempre em reação adaptativa às dinâmicas econômicas que, à revelia dos atores do transporte, modificam a natureza dos fluxos de cargas e encomendas, cabendo aos gestores encaixar nesse movimento irrefreável um sentido de gerenciamento, senão absoluto, ao menos como escolha de alternativas: *trade-off*.

Na verdade, mudanças em transporte devem ocorrer no dia a dia e não de tempos em tempos, por ruptura de paradigmas, assim, o que, no limite, se deve mudar ou manter são ajustes dos graus de aderência dos perfis de cargas e encomendas às especialidades, porque esses perfis determinam os modos operativos e não o contrário. Deve-se, por assim dizer, seguir a correnteza que flui, remando para manter o barco equilibrado e na direção desejada. E, para tanto, é preciso um método.

A teoria sistêmica aplicada ao transporte

A teoria sistêmica[1] é uma das bases conceituais adotadas no método de gestão do transporte aqui preconizado. Seu pressuposto central, no uso classicamente adotado na administração em geral, é que a gestão de uma organização é um sistema composto de partes interdependentes a interagir dinamicamente. Mas o que é e o que define um sistema? Um sistema é um todo organizado cuja coesão persiste enquanto suas partes interagem (mesmo quando seus elementos se alteram em algum sentido) e é dotado da capacidade de subsistir à entropia:[2] a tendência natural à dissolução, a qual precisa ser enfrentada por ações corretivas que mantenham a intencionalidade subjacente ao todo. Nosso próprio corpo é um exemplo de sistema (vivo) que mantém sua identidade enquanto se transforma, sendo diferente em cada fase da vida.

---

[1] A teoria geral de sistemas (também conhecida pela sigla T.G.S.) surgiu com os trabalhos do biólogo austríaco Ludwig von Bertalanffy, publicados entre 1950 e 1968.

[2] Conceito próprio da termodinâmica aqui remanejado para o universo da administração, o qual significa a tendência natural à desordem e à dissolução, aqui adaptado ao transporte como tendência à generalidade dos fluxos em contraposição às intenções de uma especialidade (entropia negativa) na qual a ordem e a intenção do todo prevalecem.

Transporte sob encomenda

Todo sistema interage com outros sistemas, recebendo deles insumos, energia e, especialmente, informação. Pois bem, feita essa breve apresentação dos principais aspectos de um sistema, deve-se esclarecer que a palavra "informação", aqui, não tem o sentido tradicional de transmitir um conteúdo significante. É, sim, o efeito relacional das trocas de elementos entre sistemas e o modo como se descreve um sistema, ou seja, é número finito de possibilidades de interação entre sistemas que interagem. Por exemplo, a informação em um sistema de especialidade no transporte são as encomendas, mas não apenas as que entram no sistema: nele também devem ser incluídas as encomendas que podem entrar no sistema, ambas as quais sendo oriundas dos sistemas que interagem com a especialidade.[3]

A informação no transporte de encomendas são as próprias interações entre os diversos sistemas envolvidos: o mercado de encomendas em geral e os clientes de uma transportadora que detêm as encomendas, sistemas esses que interagem com os de especialidades, que podem ser descritos pelas interações efetivas e possíveis. Essas últimas como *inputs*-encomendas que podem ser transportadas, e as primeiras como encomendas de fato transportadas, ou seja, incluindo também o conjunto das interações das diferentes encomendas nas operações de uma transportadora. Note-se que a informação é o potencial de carga e não apenas as encomendas transportadas e conhecidas.

Se pensarmos a administração do transporte de encomendas como uma gestão das necessidades de terceiros, é óbvio que qualquer sistema de especialidade será aberto, na medida em que,

---

[3] Um exemplo prático do uso dessa noção são as análises de "massas de dados" encaminhadas por *prospects* para a formulação de propostas de transportes. De posse dessas informações sobre um conjunto de encomendas ainda não transportadas, é possível avaliar as aderências de perfil para decidir a melhor abordagem tarifária, de recorte ou mesmo de abdicação.

mesmo tendo um perfil de encomendas predefinido, dada a imprevisibilidade, por definição, ao receber *inputs* de outros sistemas, poderá receber encomendas indesejáveis que deverá absorver com naturalidade e rapidez, pois a solução de continuidade não é uma opção. Sendo assim, no que diz respeito aos processos operativos, em termos sistêmicos, os *inputs* deverão sofrer a análise em algum momento do processo, seja pelo estudo prévio de seu perfil — durante as tratativas comerciais —, seja em seguida, quando os fluxos já estiverem em operações.

Sendo assim, como as demandas de terceiros não chegam ao transportador de forma comunicada, chegam na forma de encomendas que carregam atributos — características que, se não mudam em essência, podem mudar em grau[4] —, é de se esperar que haja efeitos diversos nas operações que acentuem certas necessidades, as quais, mesmo sendo conhecidas, podem exigir tratamentos mais cuidadosos do transportador.

Logo, a partir da constatação de que são as encomendas que trazem as sementes da transformação dos modos de operar, é preciso considerá-las como o núcleo lógico de quaisquer análises que visem conhecer as condições que levam à homeostase (equilíbrio dinâmico) nos processos operativos. Ora, se as encomendas são as células do organismo de uma especialidade de transporte, por analogia, suas organelas — partes (atributos) — devem ser compreendidas para definir, primeiro, se as encomendas devem ser operadas e, depois, se for o caso, quais caminhos devem seguir na fábrica de transporte, tarefa a ser realizada no primeiro pilar da gestão sistêmica: a encomenda conceitual.

---

[4] A mudança de grau se refere às alterações de indicadores dos atributos: peso, valor mercantil, volume, necessidade de urgência etc.

A encomenda conceitual

A encomenda conceitual é a primeira instância da gestão sistêmica no transporte, por meio da qual se podem estudar os atributos das encomendas com o fito de traçar seu perfil identitário, que por sua vez indicará os caminhos e os tratamentos adequados na fábrica de transporte, assim cada encomenda poderá ter a própria cronobiografia com detalhes indicados em suas etiquetas,[5] as quais, aderidas aos volumes, servirão para direcionar as encomendas no fluxo operacional, cada qual podendo seguir, em parte (alguns volumes), ou no todo (toda a família de volumes), pelas portas lógico-físicas (linhas de produção) que lhes correspondem por identidade, fluindo separadamente nas diversas ramificações processuais de maneira especializada na fábrica de transporte.

O pilar de gestão da encomenda conceitual tem caráter analítico-comercial, na medida em que é um campo de trabalho no qual os especialistas operam e amadurecem estudos de perfil a partir dos quais podem aplicar metodologias que visam conhecer a fundo as demandas de clientes e suas derivações, bem como a evolução dos cenários gerais de mercado. É, por assim dizer, o laboratório de análises que tanto se presta ao estudo tarifário como a um primeiro indicativo dos processos a serem criados segundo as diferenças de identidade das encomendas no pilar seguinte, onde serão desenhados e operados os processos da fábrica de transporte.

Se a encomenda conceitual se caracteriza por ser a instância alta de pensamento, esses estudos precisam contar com uma ferramenta sistêmica a ser utilizada rotineiramente, um sistema pro-

---

[5] As etiquetas são adesivos autocolantes dotados de inteligência informacional, nas quais são comumente utilizadas as tecnologias de códigos de barras ou de RFID.

priamente dito a ser desenvolvido com esse fim específico, com o qual o especialista possa: confirmar o desenho da especialidade; modificar a especialidade a tempo de não perder oportunidades; decidir descontinuar (cortar) o transporte de encomendas cujas características foram identificadas como anomalias, as quais, obviamente, precisam ser tipificadas segundo algum critério objetivo que pacifique a decisão de cortar, dada a natureza da especialidade, que não resiste a uma análise de custo-benefício e indica não ser conveniente transformar a anomalia em novos processos fabris.

O sistema de tarefas

Se a encomenda conceitual é o pilar no qual se pensam os serviços de transporte a serem ofertados no mercado, o corolário de seu uso será outro pilar que expresse na prática como esses serviços-produtos podem e devem ser operados na fábrica de transporte. Esse outro pilar é o desenho detalhado da fábrica como caminho das encomendas, com suas fases produtivas virtualmente reproduzidas em uma plataforma especializada (Métis[6]) por meio da qual se tenha uma visão do todo conectado, isto é, das diversas fábricas: terminais pelos quais as encomendas devem transitar.

O sistema Métis é um pilar no qual se podem controlar os fluxos de trabalho em tempo real, não sendo apenas um sistema tradicional de processos, mas algo que supera o desenho tradicional de como as coisas "devem ser". A ideia é que a Métis seja um modo

---

[6] O sistema de tarefas Métis tem esse nome em referência à deusa Métis, cujas características principais são: astúcia, inteligência e, sobretudo, a capacidade de se transformar, sugerindo a ideia de flexibilidade adaptativa dada a esse sistema.

de operar a fábrica (online e on time) por meios diretos em total sincronismo com os atos de comando.

Aqui chegamos ao divisor de águas do presente método. O pilar de processos é, pois, a própria fábrica em estado orgânico, como se o corpo da operação estivesse ligado por sensores ao cérebro da gestão em tempo real de modo a dar aos operadores e aos gestores operacionais condições imediatas de percepção e de reação. Essa é uma dinâmica própria da fábrica 4.0, que anima esse estudo e se torna, agora, acessível ao transporte com o surgimento de novas tecnologias.

Afora a questão tecnológica, porém, o pilar de processos é também um sistema que se estriba em um modo prático de desenho no qual cada tarefa é pensada como segmento do fluxo produtivo a molde da produção física comumente realizada em fábricas de bens, isto é, como uma sucessão de fases de montagem nas quais modo e tempo de cada movimento são definidos para que, ao fim e ao cabo, o produto seja finalizado conforme os padrões requeridos.

Ora, se na fábrica de bens físicos é pela linha de montagem que a base-arcabouço (item em produção) se movimenta, seguindo para os locais onde cada fase produtiva deve ser realizada por homens e máquinas lá fixados, na fábrica de transporte é a encomenda que caminha numa linha produtiva imaginária cujo indutor de movimento é o arranjo atributo-atrator no qual cada fase produtiva envolve ações, tempos e pessoas.

Sendo a fábrica de transporte um fluxo pelo qual fluem encomendas, tangidas por intenções reconhecíveis como atributos identitários a apontar seus vetores às linhas produtivas dotadas de atratores desses atributos, será o sistema de tarefas (Métis) baseado no arranjo atributo-atrator que mediará a produção real como sua contraparte virtual, a qual, por sua vez, indicará fase a fase o tratamento diferenciado para encomendas com características afins a cada fluxo fabril correspondente.

A gestão panóptica

Conforme descrito anteriormente, o método proposto — cujas bases são o núcleo de estudos de perfil (encomenda conceitual) e sua contraparte na fábrica de transporte (o sistema de tarefas Métis), núcleo no qual se mesclam as intenções e os atos produtivos — precisa contar com uma terceira função para se completar, uma vez que é evidente que pensar os serviços-produtos e os desenhos de fábrica não garante a efetividade do trabalho, havendo uma lacuna a ser preenchida entre o plano de trabalho e o que, de fato, ocorre no ponto e no ato da realização de tarefas, as quais, por óbvio, são realizadas diretamente por pessoas e indiretamente por máquinas.

Esse terceiro componente é o conceito panóptico que, ao mesmo tempo, é uma função de controle arraigada ao Métis, pois integra a funcionalidade, e é um pilar de gestão, um núcleo crítico (um departamento da empresa) no qual se aferem os processos produtivos em ato, função possível por meio da combinação das tecnologias de torre e de conceitos filosóficos que embasam a metodologia de inspeção.

Não é segredo que a filosofia panóptica, com suas raízes no princípio de inspeção, supõe ser possível definir tarefas e controlar sua efetividade criando tensões psicológicas. O princípio de inspeção nada mais é do que manter o ator do trabalho à luz do controle da tarefa e na certeza de que seu descumprimento acarretará, senão punições, ao menos o desconforto de que seu desempenho não foi o esperado por quem o controla. A ideia de uma gestão panóptica, todavia, não se presta apenas a controlar as pessoas colocando-as sob pressão, ela pretende, antes de tudo, confirmar a adequação de todo o sistema de especialidade, avaliando se as causas dos erros ou das anomalias se devem a inconsistências próprias da concepção do serviço-produto, cabendo ao núcleo de encomenda conceitual rever as condições da especialidade, ou se se devem a erros ou a omissões de detalhes das tarefas, ensejando o seu redesenho no núcleo do Métis, ou se são erros próprios do executor, que não cumpriu a tarefa adequadamente por negligência ou incapacidade.

É o caso de chamar a atenção para as boas intenções dos métodos de planejamento que se fundam na ideia de medição, interpretação e decisão, sem a correta mediação da teoria sistêmica, que acabam adotando preconceitos e generalizações de senso comum.

Sair do círculo vicioso que separa o mundo das ideias e o mundo real da produção é uma tarefa cuja complexidade não recomenda improvisações, ao contrário, exige método e capacidade crítica. Não se trata, pois, de refutar métodos como o PDCA, no qual o ciclo processual é indistinta e abstratamente uma sucessão de ações e pensamentos; método que, apesar de fazer sentido, peca por distanciar o ato produtivo da intenção que o planejou, sendo mais um processo de "tentativa e erro" por não acompanhar par e passo os eventos produtivos, dada a impossibilidade tecnológica de fazê-lo.

Esses eventos devem ser entendidos em amplo sentido, quer dizer, não apenas como atos de fábrica física, mas sim como tarefas em geral. Aliás, essa não é uma crítica vazia a métodos amplamente adotados e consagrados pelo hábito, mas sim uma tomada de consciência da necessidade de dar o passo seguinte, agora possível com as tecnologias ciberfísicas.

Gestão 4.0 no transporte

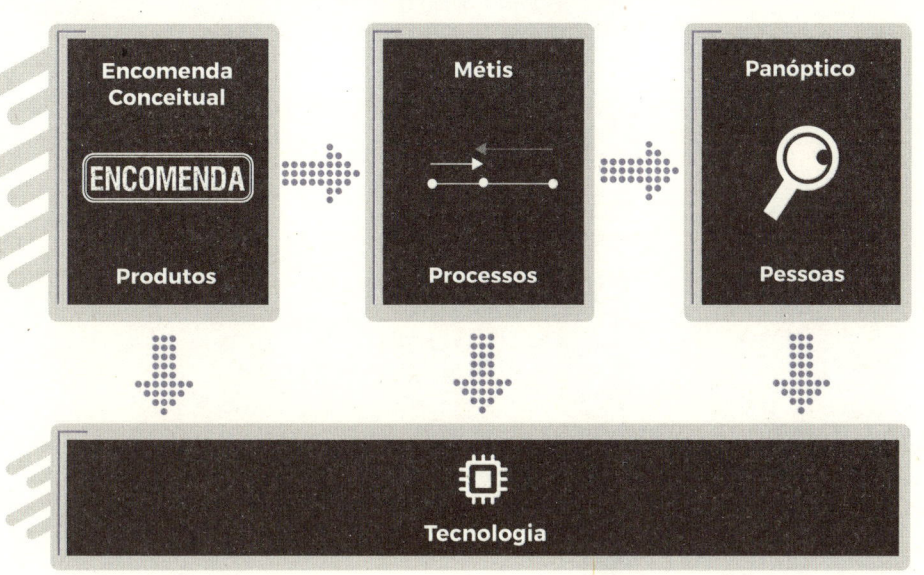

Encomenda Conceitual	Métis	Panóptico
ENCOMENDA	→ ←	🔍
Produtos	Processos	Pessoas

Tecnologia

CAPÍTULO 09

A encomenda conceitual

Uma plataforma sistêmica na qual se podem pensar as encomendas por meio da análise de seus atributos, estudar seus efeitos nas operações e criar paradigmas de valor-encomenda e valor-cliente para orientar as vendas.

CAPÍTULO 09

Como instância sistêmica na qual os especialistas podem pensar e conceber especialidades de transporte, a plataforma da encomenda conceitual cumpre função semelhante ao departamento de desenvolvimento de produtos em uma indústria, contudo pensar e conceber especialidades não é o mesmo que pensar e criar produtos tangíveis cujo impulso criativo pode vir de demandas preexistentes ou da inovação, ocorrendo de maneira ativa.

No transporte, a especialidade nasce da comparação das intenções do foco e do fluxo de encomendas efetivamente transportadas, como ação e reação, em um processo continuado e dinâmico que pode ser descrito como autorreferente: o foco se ajusta à realidade da demanda até certo limite, então o especialista passa a atuar reprimindo os perfis que se afastam das intenções do foco, sem deixar de julgar a necessidade de mudança das próprias intenções, pois o método da encomenda conceitual lhe permite rever e reconstruir o foco.

A encomenda conceitual é, pois, uma plataforma na qual são geridas e planejadas as especialidades de transporte, que, de um lado, são arranjos comerciais com os quais se podem selecionar encomendas que condigam com as intenções do foco e, de outro, um escopo de perfil no qual as experiências operativas são transformadas em indicadores que confirmam ou não a eficácia dos serviços que se quer prestar. Para que haja consistência operativo-comercial, é preciso estudar as encomendas em suas partes constitutivas em nível físico ou não: seus atributos, características por meio das quais a identidade de uma encomenda pode ser conhecida, e os caminhos e processos, pelos quais deve passar, definidos.

Cabe, portanto, em primeiro lugar, compreender e medir os atributos das encomendas, que podem ser grandezas físicas[1] ou não, como, por exemplo: o peso da encomenda, a volumetria, o valor mercantil e o valor do frete, para definir outros indicadores, como, por exemplo, a cubagem,[2] que é obtida pelo resultado da razão entre os atributos de peso (kg) e volume (m^3), cujo efeito prático é majorar o peso de cálculo nos casos de baixa densidade, visando salvaguardar a rentabilidade dos fretes.

Na plataforma da encomenda conceitual, medindo e comparando atributos das encomendas com referências paradigmáticas de valor, se podem desenhar especialidades, acompanhar as variações de perfil, estabelecer graus de pertença, manter ou mudar as referências de valor, permitir a delimitação das fronteiras entre especialidades, interseccionar fronteiras e sobrepor diferentes focos.

Integrando a plataforma de encomenda conceitual ao sistema de CRM e estudando a aderência das encomendas às condições presentes de uma especialidade, podem-se encomendar pesquisas que correlacionem o padrão conhecido e desejável de clientes operantes — o porte, o segmento, o tipo (indústria, comércio, distribuidor etc.), o canal (multimarca, franquia, loja própria etc.), a diversidade de produtos e o perfil psicográfico dos tomadores de decisão, com possíveis clientes-clone.[3]

---

[1] Propriedades mensuráveis de um fenômeno, corpo ou substância.
[2] O padrão de cubagem varia por modal: no rodoviário é obtido pelo fator 300, resultando na densidade-padrão de 300kg/m^3 e, no aéreo, pelo fator 167, resultando na densidade de 167kg/m^3.
[3] Um cliente-clone seria um *prospect* cujas características podem guardar íntima proximidade de perfil com clientes já operantes.

Na plataforma da encomenda conceitual encontram-se as referências de valor dos atributos compositivos e das razões entre eles, segundo as quais se agrupam as encomendas transportadas nos diferentes graus de pertença estabelecidos no escopo da especialidade, representando uma análise geral do perfil complexo de todas as encomendas.[4] Para uso nas relações comerciais, com o agrupamento de encomendas por cliente ou grupo econômico, se podem cruzar as medições dos atributos compositivos e cadastrais para se apurar o valor-encomenda e o valor-cliente.

O uso da plataforma de encomenda conceitual é, então, um modo de refinar o olhar especialista, que passa a contar com sofisticados recursos que superam a análise reducionista baseada em indicadores de média que não evidenciam as excentricidades estatísticas: as encomendas de baixa incidência, que, por vezes, podem passar despercebidas ao se diluírem em uma análise geral que pode induzir a erro ou impedir a identificação de alguma tendência.

Análise de atributos

O transporte deriva da necessidade humana de movimentar matéria no espaço em determinado tempo e sob condições controladas de gasto em fretes. O espaço são meios (ar, água, terra) e modais pelos quais a matéria precisa ser movida por distâncias a serem percorridas. O tempo são aprazamentos associados a cada transporte que refletem necessidades humanas e comportam diferentes valores de frete, condições essas que, junto com outros atributos, servem como base do Plano da Encomenda: sucessão de fases ope-

---

[4] Em seu uso mais básico, o sistema da encomenda conceitual registra as informações biográficas de cada encomenda transportado: seu local de nascimento, a data de emissão do conhecimento, o histórico operacional, com as diversas etapas e ocorrências, as imagens esquemáticas dos volumes e a sua finalização, com os dados do destinatário e a data de sua entrega ou recusa.

rativas, da origem ao destino de um transporte, que representam os processos de fábrica.

Atributos cadastrais e compositivos

Os atributos cadastrais podem ser básicos ou contingentes. Os básicos provêm de registros extraídos das diversas classificações legais e de mercado (definidas pelo transportador) nas quais o cliente se inclui, e os contingentes, da permeabilidade comercial, que insemina, com informações recebidas de clientes via arquivos de dados — EDI (Electronic Data Interchange) — e/ou comandos acionados por senhas, o CRM e a plataforma de encomenda conceitual. Um atributo cadastral pode ser criado a molde de interesses práticos e se tornar um sinalizador de modos operativos, conforme os desenhos processuais na fábrica.

Os atributos compositivos referem-se à natureza particular e mensurável de cada carga ou encomenda. O entendimento e, sobretudo, a medição desses atributos demanda o uso de unidades metrológicas convencionais, cuja origem remete à história. Os padrões metrológicos mais usados de peso e volume foram adotados durante a Revolução Francesa (1789-1799).

Os revolucionários pretendiam abandonar quaisquer vestígios do sistema feudal, cujos padrões de medida eram arbitrariamente definidos, assim, aproveitando o impacto da declaração dos direitos do homem, passaram a adotar padrões inspirados em fenômenos naturais. Convencionou-se, por exemplo, que o quilograma seria o peso de um decímetro cúbico de água, e o metro, uma fração do meridiano terrestre. Em 1960, na França, esse sistema foi revisto e nasceu o SI (Sistema Internacional de Unidades), o qual foi concebido em torno de sete unidades básicas cujo princípio formador foi o número dez.

Atributos compositivos

Os atributos compositivos, como o próprio nome sugere, se referem às características constitutivas de uma encomenda, sendo, por assim dizer, originários de sua própria natureza material ou do resultado da associação livre de alguma medida de valor criada pelo homem, como é o caso do valor mercantil de uma encomenda.

No sistema da encomenda conceitual, os atributos são utilizados para qualificar e incluir encomendas em grupos de aderência segundo referências de valor, ou seja, encomendas com certos pesos, densidades, valores, formatos etc. terão mais ou menos valor ou serão mais ou menos aderentes a uma especialidade de transporte.

Essa valoração não terá, porém, caráter absoluto, será, sim, relativa ao conjunto das encomendas transportadas e às comparações entre elas; quer dizer, será, como já dito anteriormente, um juízo autorreferente. Como cabe ao remetente ou, por vezes, ao agente logístico designado para preparar a encomenda, incumbe ao transportador medir e aferir os atributos para tarifar, mas também para definir, segundo tais medições, as diversas e sucessivas ações fabris para cada encomenda.

Atributos de peso, volume e formato

O peso, no método da encomenda conceitual, é um atributo simples, porém, ao contrário da simplicidade que denota, é uma grandeza complexa. O peso de certa porção de matéria é um efeito condicionado pela gravidade exercida em direção ao centro da Terra. O volume, a seu turno, é a extensão ocupada no espaço por um corpo físico, que se manifesta com grande variedade nos formatos das caixas e pacotes. No transporte, dadas as implicações ergonômicas e biométricas quando das interações homens-volumes, mesmo com automações, é forçoso haver algum nível de manuseio, assim, é crucial compreender os atributos de peso, volume e formato, bem como seus efeitos operativos.

Se no transporte, peso, volume e formato são atributos de suma importância, é recomendável aferir as medidas de todas as encomendas, seja para salvaguardar o valor dos fretes, seja para efetuar o planejamento operativo: estimar e incrementar a real necessidade estrutural das plantas fabris para: ajustar a capacidade de coletar (*First Mile*), transferir (*Middle Mile*) e entregar (*Last Mile*).

O conhecimento acurado do perfil e do fluxo das encomendas atende, portanto, a duas esferas imbricadas da gestão de capacidade operativa: a macro, que diz respeito aos limites de peso e ocupação em veículos e terminais, e a micro, que se refere aos limites de capacidade dos movimentos processuais nas fábricas de transporte.

Na gestão micro, dentre os diversos aspectos que devem ser levados em consideração, o estudo da ergonomia é um dos mais importantes, sendo recomendado que sejam definidos modelos virtuais dos formatos ideais de volumes como critério de valor para comparar e registrar o grau de aderência dos volumes transportados.

Dessa forma, pode-se definir o atributo de formato estabelecendo no sistema modelos virtuais que tragam à luz o valor prático da quadratura, expressando virtualmente a ideia de que sempre é melhor transportar pacotes retangulares ou quadrados. A ideia de quadratura é um conceito genérico que liga certas medidas (arestas, vértices e ângulos) às capacidades humanas e operativas, comportando a noção de que a portabilidade nos manuseios e o aproveitamento no carregamento dos veículos de transferência podem ser melhorados pela seleção das características dos pacotes a serem transportados. Ora, essa é uma derivação que pode ampliar o interesse do transportador por sistemas de aferição que permitam comparar os volumes reais aos modelos virtuais para determinar as aderências de perfil.

Além disso, a quadratura e a portabilidade são atributos estritamente ligados que acompanham um traço particular do transporte fracionado, o qual tem raiz na ideia de correlação: uma encomenda é a expressão de uma necessidade humana personalizada, cujo efeito mais observado é de que, quanto mais valor monetário agregar, terá menos peso e volumetria — uma correlação frequentemente observada, uma vez que produtos de maior valor são demandados em menor quantidade.

Essa generalização não é arbitrária, ao contrário, confirma-se com frequência em medições gerais que mostram ser verdade que o crescimento do valor agregado tende a ser inversamente proporcional ao peso e à volumetria de uma encomenda.

Não é sem razão que a maioria das especialidades contemple critérios de seleção de peso e volumetria, pois isso nada mais é do que pôr em prática a ideia de correlação peso-valor, a qual pode ser um atalho para obter regularidades de interesse dos processos comercial e produtivo: facilidades operacionais e rentabilidade dos fretes.

Tal objetivo pode ser atingido definindo pesos-limite e gabaritos tridimensionais que atestem o grau de aderência dos volumes transportados às versões virtuais paradigmáticas insertas na encomenda conceitual: imagens esquemáticas dos volumes ideais. Os controles precisos podem dar base técnica aos especialistas para orientarem clientes quanto aos melhores formatos de volumes e seus respectivos pesos-limite.

A experiência, todavia, tem mostrado que essa é uma abordagem limitada, já que nem sempre o cliente é seduzido a mudar as características de suas encomendas, sendo mais comum que o especialista selecione os fluxos por meio de tarifas que induzam a presença das encomendas mais desejadas. Lembrando, em tempo, que essa constatação ocorre sobretudo no mercado comercial (b2b), cujos fluxos correspondem às lógicas de transporte comercial, as quais diferem profundamente das compras efetuadas diretamente por consumidores finais (b2c), cujos interesses podem gerar grande variedade de compras com igual diversidade de perfil.

Atributos de densidade-peso e densidade-valor

A compreensão do atributo (composto) da densidade pode indicar novos usos para o conceito de cubagem. A densidade expressa a relação entre o peso e o volume, sendo obtida por meio da razão entre o peso total em quilos (kg) e o volume total em metros cúbicos (m^3) dos volumes de um despacho. No transporte rodoviário brasileiro, adotou-se densidade normativa de $300kg/m^3$, que em sua origem histórica teve por base a razão entre a capacidade-limite de peso do caminhão *truck*: 12.000kg, e sua capacidade volumétrica: $40m^3$.

No limite, a aplicação da cubagem visa equacionar o problema do desajuste do valor dos fretes nos despachos cujo peso declarado ou mesmo aferido é inferior, segundo a densidade normativa, à ocupação espacial de seus volumes; assim a cubagem eleva o peso de cálculo do frete-peso, contudo, hoje, além do uso tradicional, a cubagem é um recurso que pode ser aplicado para corrigir a dispersão do valor mercantil nos casos de embalagens volumosas, cuja função é proteger os conteúdos sensíveis, efeito que não pode mais ser ignorado pelos transportadores.

Se há encomendas que geram baixa remuneração em razão da baixa densidade-peso, o mesmo ocorre com as que têm baixa densidade-valor. Há diversas razões para a queda do valor agregado por metro cúbico: a expansão das embalagens; a baixa densidade dos bens; a queda dos valores por razões diversas, como o aumento da escala produtiva, promoções, descontinuidade de bens, subsídios e outras variações dos preços — descontos, subfaturamentos, incentivos fiscais etc. Sendo assim, como a densidade-valor compõe a remuneração dos fretes e não há como impedir a flutuação do valor agregado, dada a dinâmica econômica atual, de alguma maneira o transportador deve suprir as perdas de remuneração derivadas dessa flutuação.

Como a queda da densidade-peso é enfrentada pela cubagem, que, na prática, altera o peso de cálculo, cubar o valor mercantil equivale a alterar a base de cálculo do frete-valor, ressalvando a base original do valor mercantil para calcular a rubrica de seguro, assim nos casos de baixa densidade-valor, o frete-valor pode subir para remunerar, à justa proporção, os custos e riscos potenciais não remunerados pelo valor mercantil de face. Essa ideia será melhor tratada a seguir.

Atributo do valor mercantil ou declarado

O valor mercantil ou declarado é um atributo e uma parte inseparável das características de uma encomenda, indicando muitas vezes a necessidade de uma diferenciação de tratamento fabril. O frete-valor é a rubrica de frete pela qual o valor mercantil é recepcionado e transformado em receita de frete, contudo o senso comum o associa aos seguros de cargas, visão segundo a qual a rubrica serve exclusivamente para cobrir os custos das apólices do RCTR-C[5] e os do RCF-DC.[6]

Frete-valor, entretanto, não é sinônimo de seguro, mas um modo pelo qual parte da identidade de uma encomenda pode ser interpretada e transformada em ações produtivas, às quais devem corresponder tarifas condizentes aos processos e cuidados necessários. Dessa forma, como o valor mercantil pode indicar a necessidade de atividades fabris específicas, não é estranho imaginar que deva ser a fonte de parte substancial dos fretes e uma base importante de sua rentabilidade.

---

[5] RCTR-C — responsabilidade civil do transportador rodoviário de cargas.

[6] RCF-DC — seguro facultativo de responsabilidade civil por desparecimento de cargas.

O valor mercantil, conforme seus graus de ocorrência, traz consigo uma gama de consequências que normalmente se tornam custos difusos e subterrâneos, os quais mesmo estando na conta das contingências, dada sua ocorrência intermitente, devem ser identificados e medidos. Com os estudos da incidência desses custos, é possível definir e acrescentar ao frete-valor parcelas cobráveis, em percentuais ou valores fixos, com o fito de provisionar receitas extras, à proporção dos riscos potenciais, como fazem as companhias de seguro ao calcular prêmios que supõem certa sinistralidade. Tais parcelas extras podem se tornar um fundo de reserva para quitar obrigações inerentes à prestação dos serviços como: avarias, faltas etc., as quais, mesmo sendo de natureza infrequente, são riscos efetivos dos quais o transportador não pode fugir.

Por outro lado, o frete-valor é o meio mais óbvio de remunerar determinadas despesas inerentes à natureza de certos itens de valor que, por serem muito desejados, atraem riscos de furto. É de conhecimento geral que certas encomendas precisam de tratamento apartado, senão de todos os volumes, ao menos de alguns, para evitar desvios internos, isto é, ocorrências de furto nas próprias dependências da transportadora.

A necessidade de tais processos gera despesas adicionais que comumente estariam no escopo do gerenciamento de risco, cuja rubrica de frete é o GRIS, a qual se refere especificamente a cuidados com a segurança, mas não alcançam os riscos particulares de alguns itens, assim encomendas que os contêm devem ter algum agravamento de frete-valor à proporção do impacto dos custos produtivos que induzem, relativamente aos processos diferenciados que sofrem.

Mesmo sendo uma questão polêmica, é inevitável também incluir no frete-valor uma parcela excedente a ser usada na: indenização de atrasos de entrega, perdas de agendamento e multas decorrentes de falhas gerais, despesas essas que devem ser encaradas como custos com os quais, com ou sem imposição legal, o transportador pode eventualmente ter que arcar.

Transporte sob encomenda

O bom desempenho dos serviços é o ponto focal nas tratativas comerciais, sendo o principal diferencial para a conquista e a manutenção de clientes. A busca pela qualidade deve ser constante, mas não se pode fugir do fato de que as falhas supracitadas são custos e não só despesas, na medida em que os erros cometidos geram perdas que afetam os negócios dos clientes, que reagem passando a impor cláusulas contratuais com punições pecuniárias. O transportador, então, também reage e encara tais despesas como custos. Dizer que tais custos não podem ser cobrados é desconhecer a natureza da prestação de serviços no transporte, na qual vigoram imprevisibilidades que tornam inevitável certo nível de inconformidade dos padrões de qualidade.

Se é certo, enfim, que tais custos existem e não podem ser ignorados, a questão que se impõe é: como remunerá-los adequadamente? Avarias, faltas, furtos e atrasos representam gastos significativos no transporte, mas há outros problemas que se somam ao rol citado: as mudanças dos modos de embalar e o efeito causado pela natureza de certos produtos nos fretes.

Com o aumento da sensibilidade de determinados itens e a crescente preocupação com os conteúdos, as embalagens foram expandidas, gerando descompasso entre o custo incidente e as receitas de frete relativas ao espaço ocupado e ao valor mercantil esperado para tal espaço. Mesmo nos casos de itens com alto valor-produto, a expansão citada criou um descompasso entre o valor transportado, o custo do transporte e o frete a ser cobrado, gerando queda de rentabilidade. Ora, clientes que vendem produtos de alto valor tendem a endurecer a negociação justamente nos itens com maior valor, mas é precisamente nos casos de crescimento de volumetria com intenção protetiva que se faz necessário cobrar mais.

Sendo assim, faz sentido pensar em algum critério corretivo e remunerativo que, por meio do frete-valor, extraia receitas suplementares das encomendas cuja densidade-valor seja inferior a um padrão mínimo estabelecido, o qual, à semelhança da densidade-peso, que foi concebida para suplementar o valor da rubrica de frete-peso nas encomendas cuja densidade fosse inferior a 300kg/m³, faça o mesmo com tais encomendas. Para tanto, é necessário estabelecer uma densidade-valor de referência, para, com ela, e a partir de novas metodologias tarifárias, cobrar suplementos de frete-valor nas encomendas com densidade inferior à referência.[7]

A ideia de cubagem do valor mercantil poderá gerar estranhamento pontual se o raciocínio anteriormente exposto não for seguido passo a passo, mas não é uma conclusão absurda diante do que se espera de remuneração para as diferentes condições de transporte. Sendo assim, como sugestão, para uma referência coerente a cada especialidade envolvida, se poderia adotar uma lógica semelhante à que serviu de base à definição da densidade-peso, qual seja estabelecer como padrão a ocupação cúbica de um veículo de carga em face da densidade ideal (para cada especialidade) do valor mercantil a ser transportado, quando lotado.

É de se notar que, como há limites máximos estabelecidos nas apólices de seguro para os valores mercantis a serem transportados em um mesmo veículo de transferência, o inverso deve também ser considerado dentro das diferentes composições de fluxo conforme as especialidades. Os limites mínimos, por sua vez, incidiriam por encomenda e, obviamente, não afetariam, com a cubagem dos valores mercantis, o valor a ser coberto pelas apólices de seguro, servindo apenas para agravar o frete-valor conforme a estimação do custo potencial oculto que certas encomendas comportam.

Atributo da embalagem

A qualidade das embalagens deve ser preocupação constante nas tratativas com clientes. O valor-encomenda e o valor-cliente devem

---

[7] Se, por exemplo, a referência da cubagem-valor fosse de 14.000R$/m³, em casos inferiores, o valor mercantil da encomenda seria cubado.

levar em consideração critérios objetivos de análise das embalagens, todavia, para os clientes, a adequação das embalagens é uma preocupação secundária, o que contraditoriamente não quer dizer que isentarão indenizações cuja causa-raiz tenha sido seu vício ou insuficiência.

A importância de boas embalagens é tal que o especialista deve contar com controles nos quais, por cliente, se registrem os diferentes tipos de materiais de que são feitas: papelão, madeira, sacos plásticos etc., buscando estabelecer correlações prováveis das embalagens utilizadas em cada remessa com avarias ocorridas em intervalos de tempo, para quantificar e qualificar, segundo critérios de valor, seu grau de incidência.

A necessidade de medir com precisão esse e outros atributos das encomendas cumpre função indispensável de prevenir conclusões apressadas do chamado viés de confirmação,[8] preconceitos comuns na gestão de transporte, que não só geram prejuízos diretos, mas também podem impactar os processos e os custos operacionais. Tais registros se tornam possíveis e acessíveis em um contexto de gestão 4.0, no qual a fábrica está conectada em tempo real e pode ser gerida ciberfisicamente, isto é, com o uso de sensores, fotografias e filmagens que identificam os casos de anomalias nas encomendas, colhendo indícios que podem respaldar a ação comercial no sentido de levar o problema a clientes, cobrando melhorias nas embalagens.

A ideia de adequação das embalagens corresponde, na prática, aos efeitos verificados após o transporte em condições normais, isto é, sem intercorrências provenientes do descuido de operadores, ou seja, quando as encomendas de um cliente apresentam frequentes avarias cujas razões não são erros do transportador, é o caso de exigir melhorias. Ora, o atributo em questão, que não diz respeito à substância fixa de uma encomenda, na medida em que as embalagens podem ser alteradas sem que se alterem os con-

---

[8] Postura cognitiva que pode levar à confirmação apressada de crenças e hipóteses iniciais do agente da decisão, configurando um erro de raciocínio indutivo.

teúdos, é um dos recursos da plataforma sistêmica da encomenda conceitual na qual se deve registrar se as embalagens cumprem sua função precípua: adequação e suficiência para proteger o conteúdo específico de dada encomenda.

Além de sua função essencial, porém, a validação da qualidade das embalagens não pode desconsiderar quesitos e condições de suma importância que devem fazer parte das características dos volumes: se possuem nomenclaturas indicativas, conforme a natureza específica do conteúdo; se impedem ou ao menos desestimulam a violação, quando se trata de produto visado para furto e roubo; e se garantem a integridade de quem as manipula.

Outra característica óbvia é que, por definição, as embalagens devem ser invólucros separados dos conteúdos. Mesmo assim, essa condição não é tão evidente para alguns embarcadores que, com a intenção de reduzir custos, reaproveitam embalagens de terceiros ou não reembalam o que revendem,[9] pois como costumam comprar produtos em grandes lotes (situação frequente nos mercados de informática e eletroeletrônicos) diretamente dos fabricantes, recebendo-os em veículos com empilhamento e arrumação pré-programadas, nos quais as embalagens sofrem pouco desgaste, creem que podem revender os mesmos produtos em quantidades fracionadas com as embalagens originais.

Essa decisão nem sempre se mostra acertada, pois o transporte fracionado implica compartilhar diferentes volumes de vários clientes nos veículos de transferência, condição que ocasiona desgaste das embalagens pela inevitável e natural fricção dos diferentes volumes, situação em nada semelhante ao transporte entre fabricante e distribuidor.

Outro caso que guarda semelhança com o citado no parágrafo anterior é que há embarcadores que não aceitam a identificação dos volumes com etiquetas adesivas, as quais são indispensáveis

---

[9] Uma das variações dessa prática ocorre quando o embarcador é um intermediário, isto é, quando apenas revende produtos que compra da indústria ou de outros revendedores, acreditando ser desnecessário reembalar.

ao controle de processos operativos na fábrica de transporte, alegando haver impacto negativo junto aos consumidores finais, que evitam comprar itens cujas embalagens tenham sinais de desgaste ou etiquetas coladas. Esse fato leva a crer que, como os produtos ficarão expostos nos pontos de venda (b2b) com as próprias embalagens usadas durante o transporte, é mandatório que certos itens sejam reembalados, mas alguns embarcadores ignoram essa recomendação e preferem ou assumir o risco e o custo de devoluções motivadas pelo encalhe dos produtos ou responsabilizar o transportador por eventuais recusas, forçando que ele assuma o prejuízo em nome do interesse comercial.

Ora, nesse caso é evidente que as embalagens perderam sua função protetiva e não mais podem ser consideradas invólucros separados, mas sim extensões do próprio produto, sendo o caso de o transportador exigir do embarcador que sejam envolvidas por outras embalagens que garantam a proteção, pois só assim é possível preservar a imagem de intocabilidade desejada pelos consumidores finais.

Atributo da afetação

O atributo da afetação ou afecção se refere às emanações de encomendas cujos volumes, ao curso dos processos de transportes, podem ser mais ou menos aderentes às especialidades pela afecção que causam, isto é, pelo efeito, direto ou indireto, que podem exercer no meio, noutros produtos e nos operadores que os manipulam, seja quando ocorrem rompimentos das embalagens internas e externas por serem frágeis, seja quando, mesmo sem rompimentos, os próprios conteúdos provocam emanações através das embalagens.

Ou seja, tal atributo deve registrar se as encomendas contêm itens que possam, de alguma maneira, afetar, durante a prestação dos serviços, a fluidez do trabalho e a saúde humana. Evidentemente, deve-se dar atenção especial às encomendas que contenham itens líquidos, inflamáveis, explosivos, radioativos e contaminantes, para os quais, por lei ou prudência, são recomendados cuidados redobrados e, às vezes, transporte especializado.

Atributos cadastrais

Não sendo da natureza material das encomendas, os atributos cadastrais, como o nome indica, são condições gerais do cliente que podem eventualmente ser associadas às encomendas com diversos objetivos: classificatório, legal, informativo, potencial (se o cliente quiser intervir: agendar, mudar o modal, barrar o serviço etc.); em suma, com o fito de intervir nos tempos e modos de um vetor cronobiográfico (Plano da Encomenda) que esteja em andamento.

O plano em questão se torna viável a partir dos recursos ciberfísicos da gestão 4.0, na qual a encomenda é um ente vivo que carrega intenções e interesses encadeados de remetentes, destinatários e do próprio transportador, os quais, sob a vontade autônoma e/ou combinada desses agentes, podem ser controlados para manter ou mudar a história de vida de uma encomenda.

Conforme o grau de permeabilidade mutuamente acordado entre as partes e como derivação das relações comerciais, o sistema de encomenda conceitual pode armazenar dados e informações que serão fundamentais no passo seguinte do processo de gestão 4.0 de especialidades no qual, combinando informações de cunho apriorístico advindas da própria natureza das encomendas, colhidas por meio dos atributos compositivos e informações cadastrais registradas, pode-se definir o perfil identitário das encomendas para desenhar o vetor cronobiográfico, o qual ainda poderá sofrer alterações decorrentes das possíveis intervenções dos agentes envolvidos.

CAPÍTULO

10

Perfil identitário da encomenda e o vetor cronobiográfico

Cada encomenda deve ser encarada como um ser vivo que nasce, vive e morre, cabendo ao gestor de transporte, por meio de ferramentas especializadas, fazer cumprir seu carma.

CAPÍTULO 10

O perfil identitário é a fase da singularidade da encomenda na qual as intenções e os processos pelos quais deve passar são definidos a partir da reunião das medições de seu perfil, das informações cadastrais e das possibilidades da permeabilidade comercial que permite *inputs* contingentes a serem disparados pelas vontades encadeadas dos agentes envolvidos, ou seja, o perfil identitário é construído a partir dos diversos registros tipificados como: (1.) comerciais — que se referem às classificações dos clientes, como segmentos de mercado, modais de transporte utilizados e canais de vendas, que podem ser franquias, lojas próprias e multimarcas; (2.) fiscais — que se referem às peculiaridades do regime de impostos e dos procedimentos que devem ser adotados nas barreiras fiscais, que podem variar por estado da federação e por destinatário; (3.) serviços — que se referem a uma gama de situações e necessidades que indicam a maneira que o transportador deve agir na condução e no trato das encomendas, como conferir, reembalar, agendar a entrega, armazenar, devolver etc., podendo, inclusive, alterar a história de vida de uma encomenda, por exemplo, mudando modos e tempos operativos inicialmente previstos, em uma ou mais fases dos serviços, alterando o vetor cronobiográfico.

Em sequência à definição identitária, cada encomenda pode ser apresentada na forma de um vetor ativo,[1] quer dizer, como um serviço de transporte impulsionado por um compromisso dividido em fases operativas parciais, cada qual com tempo e modo que indicam como o serviço deverá ser fabricado no intuito de se cumprir as intenções previamente planejadas. Como vetor, cada encomenda tem atributos próprios da vetorização: duas posições geográficas (origem e destino), dois agentes em relação (remetente e destinatário, e eventualmente um terceiro, o consignatário), e a menção sinóptica dos sequenciamentos a partir dos quais o processo de fabricação do serviço deverá ser realizado e consumado.

Os atributos próprios da vetorização consistem em um conjunto de condições: as posições de onde partem e chegam as encomendas; os tipos de locais, urbanos ou não, e as sublocalidades (bairros e logradouros); as características dos remetentes (pessoas jurídicas e físicas); e os destinatários (domiciliares e corporativos), os quais, dadas as diferenças na consecução de entregas, afetam a produtividade das rotas e exigem adaptações nos processos de distribuição; e os processos de fábrica aplicados à encomenda (tempos, fases, marcos, procedimentos, tecnologias etc.).

O vetor cronobiográfico é um recurso da plataforma de gestão que permeia o pilar da encomenda conceitual e o sistema de tarefas, esse último como base de acesso pela qual se podem rastrear os caminhos de uma encomenda e da qual se podem extrair outras funcionalidades acessórias. Quer dizer, é possível e desejável desdobrar o uso do vetor para além de sua intenção mais evidente que é representar o "carma" da encomenda, isso é, sua história de vida

---

[1] A ideia de um vetor ativo confere a ele a característica de um ente cujo registro estará referenciado em cada encomenda, via etiquetas, com uma contraparte virtual, na qual residirá o núcleo efetivo de comando, cujo conteúdo produtivo inicial poderá ser alterado a tempo e a hora pelos clientes ou gestores do processo operativo.

e o cumprimento de sua missão. Nesse sentido, extensivamente, o vetor é um destaque das fases operativas pelas quais a encomenda passa, as quais fluem por sobre o fluxo geral da rede operacional do qual fazem parte as operações de distribuição (*First* e *Last Mile*), as transferências entre as fábricas-terminais (*Middle Mile*) e os detalhamentos de cada movimento que a encomenda cumpriu ao longo da fabricação de seu serviço, ou seja, o vetor é também um receptáculo no qual se podem encaixar, para uso da controladoria e outros departamentos administrativos, as gestões de receita e custo, as quais, fase a fase, serão distribuídas em vetores diferentes, como ilustra a imagem mais adiante, na qual também se observam as diversas gestões panópticas, com as quais, usando o mesmo conceito de vetor, é possível avaliar a eficácia dos serviços e seu consequente efeito econômico-financeiro, isto é, se, fase a fase, custos e receitas estão equilibrados.

Evidentemente, a distribuição das receitas e dos custos em segmentos do vetor, que nada mais são do que as fases operativas, requer métodos de apropriação que permitam a superposição das bases de custo e receita, facilitando a comparação, a análise e o juízo de valor de sua justa medida. Ora, esse recurso permitirá, no processo continuado de gestão, com base no sistema de tarefas, alterar as tarifas à proporção das variações do custo incorrido à medida que os custos se alterem ou quando determinado tipo de encomenda passar a exigir a modificação ou a criação de novas fases operativas, o que não é estranho ao mister do transporte, dada sua dinâmica evolutiva.

Vê-se, a seguir, uma visão esquemática da estrutura de um vetor cronobiográfico na qual a linha central representa o fluxo do trabalho separado em marcos (círculos maiores) e fases (círculos menores). Em paralelo a essa linha central correm, acima dela, em sentidos invertidos, os dois vetores principais: de ação e de tempo. Nota-se que logo acima, a partir de quadrados, descem os vetores transversais da gestão panóptica, os quais atingem apenas os círculos maiores, já que apenas neles haverá *inputs* sistêmicos, isto é, registros que poderão ser colhidos por sensores ou não, os quais serão de vários tipos a serem definidos conforme a necessidade. Em paralelo e abaixo da linha central correm outros dois vetores, também invertidos, de receita e custo, os quais indicam os controles econômico-financeiros de cada fase operativa.

Visão esquemática do vetor cronobiográfico

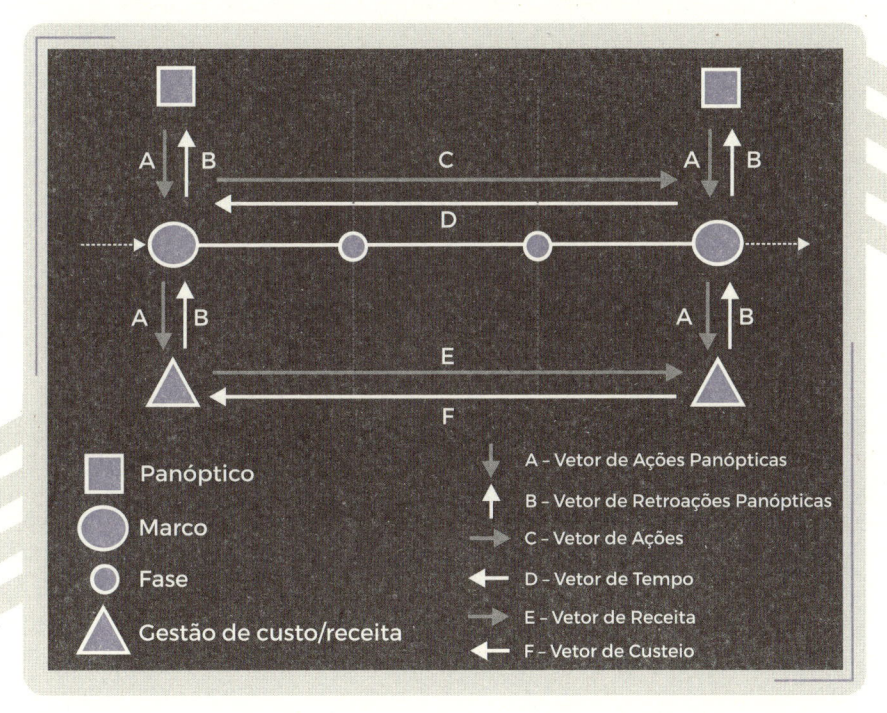

- ■ Panóptico
- ● Marco
- ● Fase
- ▲ Gestão de custo/receita

- A – Vetor de Ações Panópticas
- B – Vetor de Retroações Panópticas
- C – Vetor de Ações
- D – Vetor de Tempo
- E – Vetor de Receita
- F – Vetor de Custeio

Confira, a seguir, um exemplo de um dos usos do vetor para consulta do histórico de uma operação na qual houve uma intercorrência de atraso no transbordo na filial São Paulo. A partir da identificação da anomalia por meio de sensores ou de outras ferramentas de controle, um gatilho é disparado acionando a rede de gestão panóptica na qual gestores diretos são escalados para intervir em tempo real na busca da correção, tentando uma recuperação a tempo ou, no mínimo, criando sinalizações que permitam, na fase seguinte, uma compensação do tempo perdido, como mostra o sequenciamento descrito na próxima imagem. Note que além da aplicação de uma solução vetorial para garantir a eficácia da fabricação do serviço, par e passo, outros vetores evidenciam e comparam as receitas e custos associados a cada fase operativa.

Exemplo do vetor cronobiográfico após concluído

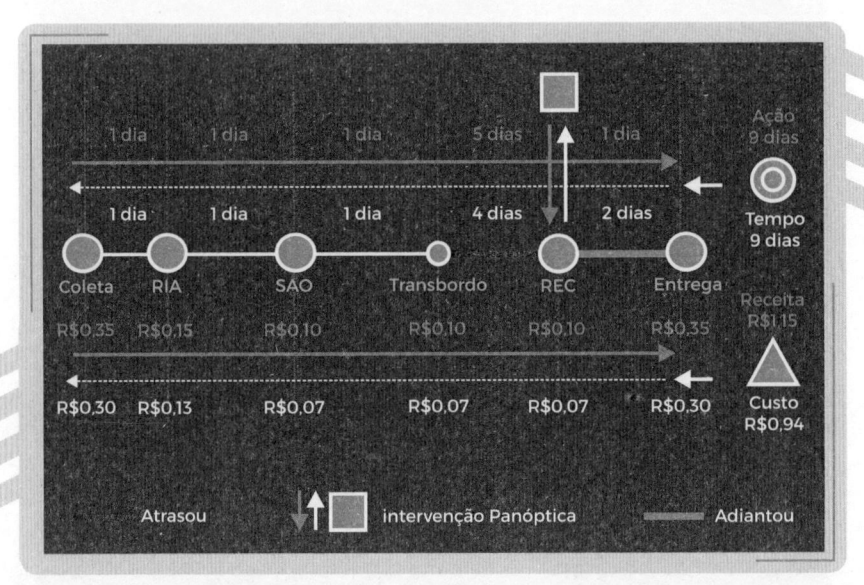

	1 dia	1 dia	1 dia	5 dias	1 dia	Ação 9 dias
	1 dia	1 dia	1 dia	4 dias	2 dias	Tempo 9 dias
	Coleta	RIA	SAO	Transbordo	REC	Entrega
	R$0,35	R$0,15	R$0,10	R$0,10	R$0,10	R$0,35	Receita R$1,15
	R$0,30	R$0,13	R$0,07	R$0,07	R$0,07	R$0,30	Custo R$0,94

Atrasou ↕☐ intervenção Panóptica ——— Adiantou

Perfil identitário da encomenda e o vetor cronobiográfico

Estrutura da gestão panóptica

Visões	🔍	🔍	🔍	🔍
Atividades	Tarefa	Controle Simultâneo	Gestão da Rede Local	Gestão de Topo
Níveis Panópticos	1° Nível Panóptico	2° Nível Panóptico	3° Nível Panóptico	4° Nível Panóptico
Agentes	Executor	Supervisor	Gerente	Departamento Panóptico Matriz
Ações	Execução Cyberfísica da Tarefa	Controle Cyberfísico da Tarefa	Controle Periódico da Rede Local	Controle Periódico da Rede Geral

CAPÍTULO

11

O sistema de tarefas

Um sistema para planejar e gerir a fabricação de serviços de transporte que rege as operações e faz cumprir o carma de cada encomenda.

CAPÍTULO 11

A fabricação de serviços

O desenvolvimento da noção de fabricação no transporte, dadas as peculiaridades dessa produção, requer uma ferramenta na qual se possam reunir, em uma mesma plataforma de gestão, as atividades de: projeto, processo, produção e controle. Quer dizer, não se trata apenas de ser possível projetar soluções e detalhar os fluxos de trabalho da fábrica real na ferramenta, é preciso que ela também possa gerir diretamente a fábrica, online e *on time*.

Esse modelo de gestão, que inclui esses diversos requisitos, contempla e articula a complexidade conceptiva e operativa da fábrica 4.0 no transporte, cujas características marcantes são a maleabilidade e a simultaneidade, características essas que, em muitos sentidos, superam os requisitos comumente utilizados para conceber e gerir as fábricas 4.0 de produtos, nas quais a previsibilidade de meios, processos e os próprios fins da produção são mais perenes.

A ideia de fabricação de serviços de transporte começa com a definição da história de vida da encomenda, a qual, seguindo o método aqui preconizado, precisa ser definida e registrada a priori (antes da efetivação das operações), com base em seu perfil identitário e noutras informações, em um vetor cronobiográfico, o qual deve nascer com a possibilidade de ser alterado ao curso da prestação dos serviços pela ação de remetentes, destinatários, transportadores ou por força de ocorrências alheias às vontades dos envolvidos, possibilidade essa que enseja o uso de um sistema ciberfísico com o qual, a tempo e a hora, seja possível, a partir de determinado ponto ou momento, redefinir partes do vetor cronobiográfico: alterando nele as fases seguintes a partir do ponto ou momento da intervenção, sem prejuízo do processo de fabricação, visto que ele se adapta às alterações efetivadas e mantém os requisitos de controle atuados por meio dos vários níveis de vigilância panóptica para cumprir os modos e os tempos preconizados ou contingenciar os erros nas fases seguintes para salvaguardar a qualidade dos serviços como um todo.

 A ideia de fabricação de produtos ou serviços se baseia no sequenciamento de ações parceladas com tempos e modos predefinidos. Os condicionamentos produtivos de ambas as fábricas sugerem a mesma maneira de produzir, mas há distinções que, mesmo não sendo perceptíveis nos processos produtivos, ficam evidentes nos produtos finais. Por quê? Porque, após acabados, os produtos tangíveis costumam apresentar baixa variabilidade. E, quando isso não ocorre, ao serem verificados defeitos e anormalidades, é possível efetuar consertos e ajustes antes da venda. Ou, se o problema passar despercebido, é possível corrigi-lo depois, dando assistência técnica, ou recolhendo os produtos em campanhas de *recall*.

 Nos serviços, todavia, o produto final é inconstante por excelência, havendo nele grande variabilidade, a qual tem origem na sua própria natureza intangível. No transporte em particular, a variabilidade das encomendas recomenda que os modos de prestar os serviços sejam flexíveis sem que isso implique perdas de quali-

> Transporte sob encomenda

dade, algo que, para ser possível, merece controles bem mais complexos do que os aplicados à produção de produtos tangíveis.

A fabricação de serviços de transporte exige, portanto, um conhecimento profundo do perfil das encomendas e uma correspondente capacidade de controle, ou seja, um conhecimento profundo e íntimo dos fatos operativos, condição viabilizada apenas por uma gestão ampla na qual os pilares produto, processo e pessoas estejam encadeados e entremeados sob recursos ciberfísicos da plataforma 4.0, com os quais é possível conceber padrões operativos flexíveis que respondam à sofisticação de um foco comercial no qual podem conviver, sem comprometer os padrões de qualidade, diferentes encomendas listadas em distintas faixas de aderência da curva normal, as quais, em seu conjunto, definem uma especialidade de transporte.

Sendo assim, a estreita relação entre o uso adequado das novas tecnologias e a fabricação de serviços como aqui exposto, isto é, uma combinação que leve a uma aplicação prática, é o desafio imposto para conceber a fábrica de transporte, na qual o ato de transportar deve acontecer por indução das próprias encomendas, cada qual segundo a necessária cronobiografia que lhe é própria e à qual se acrescentam, por força das circunstâncias, as contingências do transporte: intercorrências que podem interromper o fluxo normal das operações e corromper sua qualidade.

A ideia aparentemente estranha de fabricação dos serviços de transporte ganha sentido à medida que se percebe a complexidade dos processos requeridos, os quais são efetuados em fases sucessivas: ora nas transferências entre terminais-fábricas, ora nos próprios terminais, mas sempre segundo os ditames do par atributo-atrator, o qual articula as interações encomendas-fábricas no registro e nas execuções das diversas condições operativas que afetam cada encomenda: seus caminhos fabris, os tempos de cada fase produtiva e os modos como devem ser operadas, sendo necessário um rígido controle produtivo que garanta a coesão dos serviços desde o ponto de origem até o seu destino.

Ora, assentindo com essa maneira de ver o transporte de encomendas, qual seja, como uma sequência de ações e movimentos aplicados em volumes prontos, tem-se uma fabricação extensiva no espaço e no tempo que, para ocorrer a contento, implica planejar a rede de terminais-fábricas e seus detalhamentos de modo que, em cada uma das passagens, as encomendas sofram os devidos processos, seja o de transferência de uma fábrica para outra, seja o de tratamentos específicos conforme seus atributos.

A rede e sua complexidade, todavia, dependem da estratégia adotada em certo momento, do foco e de seus desdobramentos e da especialidade de cada transportadora, condições essas que, combinadas, definem os locais onde é mais adequado instalar filiais.

Evidentemente, a definição do porte e da função das filiais é tarefa do planejamento macroestrutural, o qual se ocupa de pensar a rede olhando a configuração geral: considerando as posições e funções de cada fábrica em sentido integrado e sistêmico de modo a permitir que os fluxos possam fluir da melhor maneira possível, já que nessa instância analítica o que interessa é a capacidade de movimentação[1] (entre filiais) da massa concentrada de encomendas e seu consequente escoamento pelos ramos da rede até que cada encomenda chegue a seu último local operativo e possa ser entregue.[2]

O desenho da rede, composta de filiais e suas interligações, deverá obedecer às intenções estratégicas a molde dos interesses

---

[1] As movimentações entre filiais são normalmente efetuadas por caminhões de grande porte: composições de cavalos mecânicos que tracionam carretas com variadas capacidades cúbicas.

[2] A fase de distribuição pode requerer, conforme o perfil das encomendas, veículos diversos com variadas capacidades cúbicas.

operativo-comerciais, ou seja, cada filial deve ser concebida tanto para atender à demanda das operações como para sediar equipes comerciais, quando a abordagem comercial se fizer necessária, seja em modo presencial, seja por meios tecnológicos, de forma a se ajustar aos interesses de coletar, entregar e cooptar clientes (pagantes de frete), sejam eles remetentes CIF, destinatários FOB ou de ambas as modalidades, ou seja, de fatias de mercado cujas encomendas expressem a realidade econômica local, uma vez que regiões de concentrada produção tendem a ser mais expedidoras, ao passo que áreas urbanas mais adensadas tendem a ser recebedoras, havendo casos mistos em que as duas características estão presentes.

Assim, obviamente, o plano macroestrutural acompanha a realidade e a evolução socioeconômica da área de atuação escolhida pelo transportador, podendo ser alterado, pois tanto a situação econômica pode mudar como a região atuada pode ser alterada, crescendo ou diminuindo conforme o interesse e as possibilidades de expansão dos negócios do transportador.

Cabe comentar que a questão estrutural e sua íntima relação com as intenções comerciais não têm, a princípio, relação com a decisão de operar e vender com estruturas próprias ou não. A terceirização é um dado da realidade, mas não implica ou anula a ideia de fabricação aqui exposta, uma vez que no sistema de tarefas é possível levar à gestão de terceiros as mesmas condições de trabalho, ou seja, estender a eles os recursos ciberfísicos indispensáveis aos operadores de quaisquer fases operativas da fabricação geral, sejam eles agentes ou franqueados.

A fábrica e a comercialização no transporte estão intimamente entrelaçadas, ocorrendo em cadeia, uma vez que as vendas antecedem, convivem e perduram às operações, estando ambas no mesmo campo de possibilidades da gestão fabril. É recomendável, inclusive, que as vendas ocorram e sejam geridas, em sentido largo, como processos de fabricação, ainda que nesse caso o desenho da solução tenha que considerar as condições particulares dessa aplicação, a qual exigirá recursos especiais no sistema de tarefas.

Vê-se adiante um exemplo de um vetor cronobiográfico que esquematicamente atravessa o desenho da rede fabril. No sistema de tarefas, a fábrica-filial São Paulo foi desdobrada em ramos sinalizados por círculos coloridos que indicam diferentes fluxos-atratores nos quais são executadas tarefas específicas: sala de segurança, sala refrigerada, *sorter* e área de concentração de volumes incompatíveis, fluxos pelos quais devem seguir as encomendas com atributos correspondentes ao atrator de mesmo nome, assim, via acionamentos ciberfísicos ou por outros meios, e sob gestões panópticas, a encomenda pode seguir seu caminho, passo a passo, conforme descrito no seu vetor cronobiográfico.

Como ilustração é interessante notar que no modo de gestão ciberfísico no qual é possível conceber e gerir concomitantemente as tarefas fabris, é possível operar desvios e acioná-los sob o comando dos agentes envolvidos, assim na figura a seguir fica evidente a possibilidade de intervenção em dado ponto da rede para, por exemplo, mudar o modal.

Esse requisito é um diferencial conceitual do sistema de tarefas no qual remetentes, destinatários e o próprio transportador podem operar mudanças conforme as circunstâncias, o que, na prática, implica a redefinição parcial do vetor cronobiográfico de uma encomenda, uma vez que, no desenho da fabricação geral, existem nós-hubs pelos quais é possível desviar um caminho previamente definido, ou seja, a partir da possibilidade de redefinir os caminhos de uma encomenda, o que implica redirecionar a encomenda para fluxos fabris diferentes, com a alteração substantiva das tarefas fabris pelas quais a encomenda deverá passar, é natural que as possíveis alterações dos vetores de ação e tempo impliquem a necessidade de alterar os vetores de receita e custo.

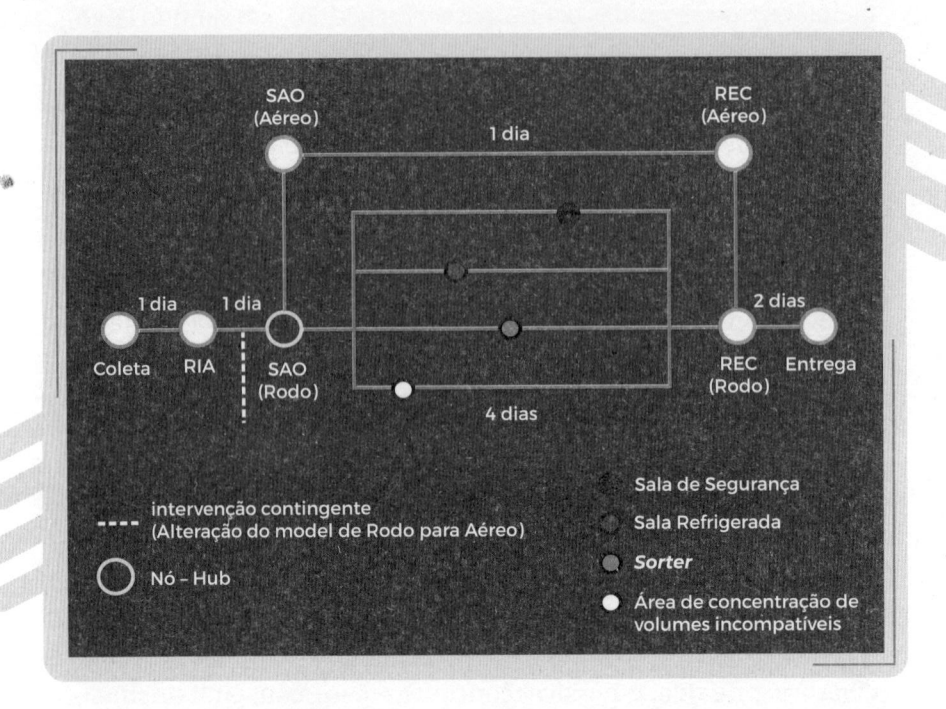

Transporte sob encomenda

```
           SAO                                    REC
         (Aéreo)              1 dia             (Aéreo)
            ○————————————————————————————————————○
            |                                    |
   1 dia  1 dia                                 2 dias
   ○——————○————○                                 ○——————○
 Coleta  RIA   SAO                              REC    Entrega
              (Rodo)                           (Rodo)
                          4 dias
```

- - - - intervenção contingente
        (Alteração do model de Rodo para Aéreo)
○   Nó – Hub

● Sala de Segurança
○ Sala Refrigerada
● *Sorter*
○ Área de concentração de volumes incompatíveis

A distribuição como um processo produtivo

As atividades de coleta e entrega ou, genericamente, distribuição (*First* e *Last Mile*), que é uma designação que costuma abranger ambas as atividades, são executadas a partir de terminais de carga (terminais-fábricas ou filiais) localizados em cidades onde os fluxos de saída e chegada são significativos, razão pela qual sua escolha se justifica, não importando se tais operações são realizadas pelo próprio transportador, por agentes nomeados ou franqueados exclusivos, desde que os controles sejam igualmente eficazes em todas as seções da produção operativa.

Dessa forma, não falando em sentido metafórico, mas sim como, de fato, se dá a distribuição no sentido aqui atribuído, as atividades de coleta e entrega são fases da fabricação de um serviço de transporte. A atividade de coleta, por exemplo, é uma ação que tanto pode ser disparada por acionamento avulso, isto é, por meio de solicitações não programadas que podem chegar por telefone, pela internet, por aplicativos etc., como por coleta automática, ou seja, com programação prévia que inclui definições de periodicidade e horário, condições essas que podem variar bastante conforme o porte do cliente e os interesses envolvidos.

Em todos os casos, a ideia de fabricação faz sentido. No primeiro caso, (1.) coleta avulsa, porque, mesmo considerando as imprevisibilidades a que o transporte está sujeito, é possível saber, grosso modo ou com detalhes, o perfil das encomendas que serão coletadas, pois os clientes na maioria das vezes não são desconhecidos, porém, mesmo que o sejam, é possível avaliar as encomendas pelas informações auferidas no pedido de coleta ou no ato de sua realização, oportunidade em que, se for o caso, se poderá recusar algumas encomendas ou todas elas.

Com o uso de (2.) aplicativos que possibilitam integrações altamente permeáveis que permitem avaliar com precisão o perfil das encomendas, o que, dentre outras possibilidades, dá ao cliente, no ato de solicitação da coleta, acesso ao registro de seus envios na nuvem de dados e *inputs* de retorno com os quais poderá emitir etiquetas identificadoras a serem fixadas nos volumes. Esse nível mais sofisticado de permeabilidade equivale a um primeiro engate produtivo, que, condicionado às janelas de ingresso operativo da distribuição (definidas nas estratégias gerais), é uma fase vestibular na qual o vetor cronobiográfico é criado e a encomenda efetivamente adentra o processo de fabricação do serviço.

E, no caso de programação prévia, (3.) coleta automática, com possibilidade ou não da instalação de doca avançada (nas dependências do cliente) porque, havendo uma coleta frequente, o que não ocorre por acaso, supõe-se um prévio e largo conhecimento do perfil. Evidentemente, para todos os casos citados, é desejável que a distribuição seja pensada sob critérios de possibilidade que condicionem os desejos e as necessidades de clientes às regras de uma fabricação eficaz e rentável na qual as operações transcorram em janelas de tempo e oportunidade segundo o melhor ordenamento dos recursos materiais e humanos disponíveis a cada momento, o que pressupõe tratativas comerciais que busquem preservar os interesses e as possibilidades das partes.

Evidentemente, dadas as características de imprevisibilidade, em maior ou menor grau, do perfil das encomendas e das mudanças no ambiente socioeconômico, é fato que o conhecimento adquirido no dia a dia poderá ser utilizado na retroação sistêmica, processo por meio do qual, no pilar da encomenda conceitual, será possível rever o foco e redesenhar as ações comerciais, havendo, portanto, uma ligação direta entre a noção de serviço-produto e as possibilidades de sucesso comercial.

Do ponto de vista da produção, coletar e entregar são, por assim dizer, pontos extremos do vetor cronobiográfico de uma encomenda. Logo, vista sob tal perspectiva, a atividade de distribuição é tanto o início como o fim do processo produtivo no transporte, sendo bastante frequente a ocorrência mutual das duas atividades que a integram (coleta e entrega) nos mesmos veículos, variando apenas o horário em que cada atividade deve ocorrer: de manhã e no princípio da tarde, as entregas; depois, mais à tarde, as coletas, com exceções pontuais desses horários.

Diante disso, o compartilhamento de um mesmo recurso (o veículo de carga) para fazer coletas e entregas implica um planejamento produtivo encadeado, seja no modo de roteirizar, incluindo os horários de partida do veículo, a sequência de paradas, a estimativa de horário de chegada a cada ponto e o tempo de cada parada, seja na análise prévia das encomendas a serem coletadas e entregues, das quais é preciso saber: o perfil intrínseco, o local e suas características operativas (a acessibilidade e os riscos inerentes), além de outros detalhes de ordem infrequente relativos às contingências do dia a dia, como greves, bloqueios de acesso, interrupções das atividades dos destinatários etc.

CAPÍTULO 12

Componentes e conceitos do sistema de tarefas

Explicando as funcionalidades do sistema de fabricação no transporte.

CAPÍTULO 12

Os vetores

O uso de vetores permite desenhar e executar processos nos quais, por exemplo, o par ação-tempo pode ser encadeado de modo a viabilizar a simultaneidade produtiva e as reações gerenciais (panoptismo), uma das premissas de uma gestão 4.0 no transporte e do sistema de tarefas, recurso com o qual se pode efetivar, passo a passo, a cronobiografia das encomendas.

No sistema de tarefas sempre haverá um par de vetores posicionados em sentidos contrários: um correndo, outro incorrendo; um puxando, outro empurrando. Assim, em desenho, cada ação fabril será representada por pares de ação-tempo e receita-custo, ambos os quais estando associados e dispostos paralelamente ao fluxo fabril. Do ponto de vista prático, no sistema de tarefas, o par ação-tempo, que segue por sobre a linha na qual estão desenhadas as etapas produtivas, é um meio e um modo de evidenciar o sincronismo de ações e tempos de maneira esquemática e visual, nada mais sendo do que um recurso por meio do qual se pode medir o grau de eficácia das operações conforme a disposição, a cada momento, dos vetores: com as pontas afastadas (se a operação estiver atrasada), com elas tocadas (se a operação estiver no prazo) ou sobrepostas (se a operação estiver adiantada), valendo o mesmo para a relação receita-custo, como ilustra a próxima figura.

Como é possível ver no quadro ilustrativo, o vetor de tempo, que tem sentido inverso ao do destino da encomenda, nasce apontando para o momento zero (início da operação). Conforme o tempo passa o vetor em questão recua do ponto de origem da encomenda (local de coleta) indo, ciclo a ciclo (tempo de cada fase ou marco), até sumir completamente no ponto de destino (local da entrega).

Esse é o vetor de puxada que se retrai movido conforme o tempo passa, a despeito da efetividade das ações fabris. Em seu recuo, ele indica virtualmente os tempos previstos em cada uma das fases ou marcos (filiais, hubs e portas processuais) pelos quais a encomenda deve passar, enquanto o vetor de ação, que é uma seta que aponta para o último destino (final), em sentido contrário, corre por sobre os mesmos pontos (fases e marcos), indicando o efetivo cumprimento das várias e sucessivas ações operativas; ambos os vetores (de ação e de tempo) mostrando, em combinação dinâmica, o desenrolar das operações.

Esse modo simultâneo de operar e gerir considera cada encomenda um projeto a ser cumprido e requer controles semelhantes aos utilizados no PERT (*Program Evaluation and Review Technique*), sistema de gestão de projetos que contempla uma calendarização objetiva, cuja função na gestão de transporte, em uma aproximação metodológica com a gestão de projetos, é gerir com precisão os fatos operacionais.

Assim, na esteira do PERT e em seu uso adaptado ao transporte, os tempos parcelados são tratados como compromissos-limite, dos quais o tempo pessimista é o caminho crítico (CPM — *Critical Path Method*): o mais longo, sendo esse o critério-base de tempo a partir do qual será formada a grade geral de prazos de entrega a ser ofertada ao cliente. Dessa feita, quando em alguma fase operativa houver algum atraso, será possível contingenciá-lo a posteriori, isto é, à frente, nas etapas seguintes, utilizando as reservas de tempo acumuladas pela adoção dos tempos pessimistas de cada fase anterior, sem prejuízo da gestão operativa cujas medições serão baseadas noutros ciclos de tempo chamados respectivamente de provável e otimista, os quais serão necessariamente menores do que os tempos pessimistas; o que, na prática, cria margens de segurança que permitem uma melhor eficácia dos prazos gerais ofertados aos clientes.

Explicitando melhor o que se pretende atingir com uma gestão 4.0 que faz uso de conceitos da gestão de projetos no sistema de tarefas, a ideia de caminho crítico visa a um contingenciamento dinâmico dos antecedentes e consequentes que devem estar corretamente encadeados no tempo, ou seja, como na prática há três tempos de execução de uma tarefa (pessimista, provável e otimista), será possível o uso variado dos tempos conforme os atores envolvidos, para, assim, aumentar as chances de, ao fim e ao cabo, o tempo total (prazo de entrega) ofertado ao cliente ser atingido.

Obviamente, os atores diretos das tarefas estarão sujeitos à gestão panóptica (atores indiretos), sendo por eles controlados para que cumpram o tempo "otimista", ao passo que ao cliente será vendido o tempo "pessimista", pois entre a prescrição e a execução de uma tarefa sempre haverá ganhos e perdas de tempo motivados por diversos fatores, mas, como segurança, os operadores perseguirão a eficácia máxima dos tempos "otimista e provável" no seu dia a dia, permitindo que haja sobras de tempo em fases intermediárias, sobras essas que, se não forem imediatamente úteis, poderão ser utilizadas como reservas de tempo para falhas que poderão vir a ocorrer nas fases seguintes da fabricação dos serviços.[1]

---

[1] Nem sempre será possível adotar os três tempos em todas as fases da produção e, mesmo quando for o caso, as diferenças nem sempre serão significativas a ponto de permitir os contingenciamentos anteriormente citados.

Visões das ações no tempo durante a consecução do vetor

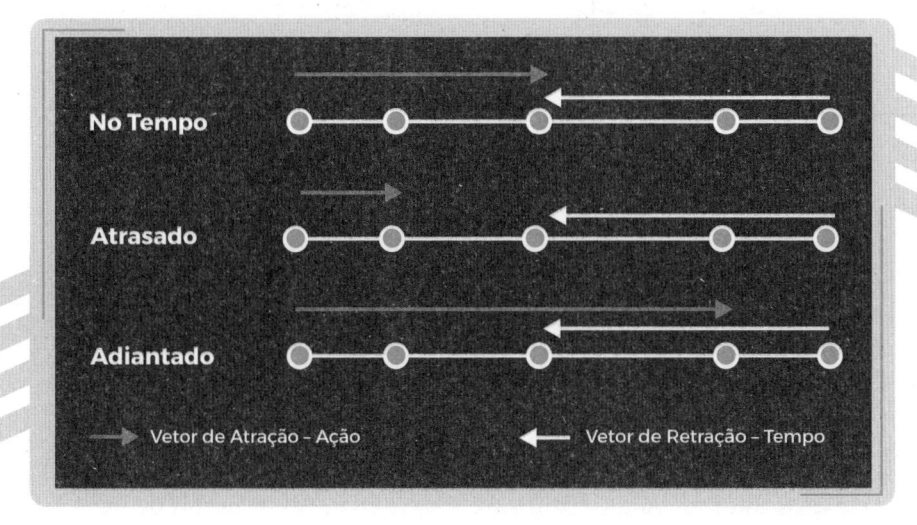

```
No Tempo      ●────●────●◄───●────●
                         
Atrasado      ●────●────●◄───●────●

Adiantado     ●────●────●◄───●────●

    ──►  Vetor de Atração – Ação        ◄──  Vetor de Retração – Tempo
```

As tarefas fabris no transporte

As tarefas fabris no transporte são semelhantes às das demais atividades no que diz respeito à maneira de definir e organizar seu parcelamento e em como encadear seu sequenciamento, esse último querendo dizer: posicionar adequadamente — no desenho de processos — as ações antecedentes, as consequentes e os pontos de engate (marcos e fases) pelos quais as sucessivas tarefas devem ser transmitidas. O objetivo é o mesmo: manter o fio condutor da linha produtiva, aferindo panopticamente a coesão entre as intenções produtivas e os efeitos esperados, sejam eles parciais ou gerais.

No transporte, entretanto, a concepção de tarefas fabris sofre influência da natureza intangível e variável dos serviços, obrigando o especialista a considerar uma miríade de condições para desenhá-las. A alta variabilidade na fabricação de um serviço de transporte se evidencia nas diferenças, sutis ou não, entre a ideia concebida e planejada para dado serviço (a promessa comercial propriamente dita) e a consumação efetiva do serviço. Diante das discrepâncias verificadas empiricamente, entra em cena a solução usual que faz parte de sistemas consagrados de controle qualitativo como um critério de valor que direciona a atuação gerencial, qual seja: se o serviço prestado não chega a ser o que se pretendia, o especialista deve retroagir dos efeitos às causas e redesenhar as tarefas quantas vezes for necessário para, em um processo de melhoria contínua, se aproximar dos resultados desejados.

Outro problema comum na fabricação de serviços de transporte é a intermitência de fluxos que pode decorrer das sazonalidades econômicas ou da própria exiguidade do movimento operacional em alguns ramos operativos de uma mesma filial, no caso, por exemplo, da necessidade de certas encomendas receberem tratamentos diferenciados, conforme a exigência do desenho da especialidade, ou em filiais nas quais os fluxos operados sejam historicamente baixos, implicando a necessidade de definir sob medida o emprego de atores e instrumentos de trabalho, fatos que devem ser considerados na ocasião de parcelar ou não as tarefas fabris.

Nesse sentido, a aplicação da gestão 4.0 no transporte permite uma mudança da perspectiva produtiva, tornando sem efeito a suposta oposição entre produção industrial e artesanal, essa última entendida aqui como a possibilidade de aplicações de justa medida para resolver os problemas de baixa escala.[2]

Com a fábrica 4.0 no transporte, o pensamento de justa medida se torna uma aplicação dependente e submetida às análises de modo e demanda por meio das quais devem ser definidas a extensão e a complexidade de uma tarefa, ou seja, é bastante provável

---

[2] Quanto à ideia de produção artesanal, é evidente que hoje ninguém defenderia um processo produtivo no qual, para obter qualidade, um mesmo agente cumprisse todo trabalho em detrimento do princípio da divisão de tarefas, dado o efetivo papel que esse exerceu no aumento da produtividade em geral, o que se mantém uma verdade indiscutível, inclusive diante de exceções pontuais, como é o caso da produção de bens de luxo, na qual um hábil artesão executa grande parte da produção.

que, mesmo para necessidades iguais, em situações distintas nas quais faça sentido um ajuste fino à realidade dos agentes e das ferramentas aplicáveis, um mesmo processo possa merecer desenho específico no sistema de tarefas, bem como modificações periódicas à medida que a demanda e outras condições se alterem.

Sendo assim, um dos usos do sistema de tarefas será a possibilidade de redesenhar rapidamente as tarefas em resposta às análises panópticas efetuadas em tempo real, dada a natureza ciberfísica da ferramenta e da desejável perícia de seus operadores, que poderão indicar gestões de profissionais de ergonomia cuja função será propor mudanças nos modos do trabalho.

Em outras palavras, a partir do critério de eficácia será possível julgar a efetividade de uma tarefa e decidir o melhor uso do ator humano em interação dinâmica com as tecnologias, novas ou não, em cada caso particular, de modo que uma encomenda poderá passar por tratamentos semelhantes com o uso de diferentes tecnologias operadas por atores com diferentes níveis de aptidão nas diferentes fases, marcos ou mesmo em diferentes fábricas-terminais.

Desta feita, com os recursos da fábrica 4.0, a questão da concepção de tarefas deve incorporar novas possibilidades no desenho geral de processos no qual, agora, é possível considerar as características dos agentes da produção e do custo-benefício dos diversos níveis tecnológicos disponíveis, criando variações que permitam uma tomada de decisão sob critérios de justa medida, uma vez que, na prática do transporte, como já sugerimos, a concepção das mesmas tarefas pode diferir em diferentes fábricas-terminais, requerendo adaptações a molde das circunstâncias produtivas conforme os fluxos efetivos nas diferentes plantas operativas, os atores e as tecnologias mais adequadas, inclusive segundo seu custo, sendo essas as condições a partir das quais a melhor decisão poderá ser tomada.

Essa nova maneira de conceber tarefas sob medida é um divisor de águas no transporte, atividade na qual produzir significa mover cargas e encomendas em longos fluxos fabris, garantindo a correta sucessão de atividades com o melhor custo-benefício possível. Logo, no sistema de tarefas, a justa medida será um modo conceptivo e operativo no qual o detalhamento das tarefas e as ferramentas aplicáveis estarão combinados e adequadamente alocados nas diferentes fábricas onde tanto os modos de operar como os fluxos operados diferem, possibilitando desenhos que consideram: (1.) a definição de uma tarefa (seu "dever ser" e seu "o quê"); (2.) sua atividade (seu "como fazer"), que pode ser definida conforme as caraterísticas do agente produtivo; (3.) seu ator ou operador (seu "quem", humano ou não); (4.) o tempo de execução, além de permitir o entrelaçamento da produção e do controle (o panoptismo), que integra o sistema como um de seus recursos conceptivos.

A linha produtiva no transporte

A linha de produção fabril, na ocasião em que a fabricação efetivamente se processa, pressupõe uma produção contínua e, quando não, uma sequência na qual as fases produtivas não sofram solução de continuidade ao longo da transmissão de tarefas entre os atores da produção. Sob uma ordenada cadeia de ações que se sucedem, a produção fabril deve manter uma coesão intencional do início ao fim do processo, o que, no caso da fábrica de produtos, é algo bastante evidente e fácil de perceber.

No caso do transporte, como já dissemos, a fabricação consiste em movimentar cargas e encomendas sob impulsos e atrações de modos e tempos expressos no Plano da Encomenda, que se divide em fases devidamente recortadas, com início e fim, ligadas como uma corrente com sucessivos engates de passagem; corrente cuja integralidade tem sentido deontológico, isto é, uma finalidade geral. Essa linha encadeada de tarefas previstas garante que os atores acessem, por meio da leitura de etiquetas, o Plano da Encomenda, um vetor que contém instruções detalhadas: a predição dos movimentos e caminhos de cada volume da família, segundo os atributos a eles associados, ou seja, as encomendas com um ou mais volumes, uma família, por assim dizer, manterão coesão produtiva se houver correta observância dos modos e tempos preconizados e constantes no vetor cronobiográfico, bem como controle em tempo real das posições dos entes familiares (liame). Mesmo quando alguns volumes forem desviados e seguirem apartados para sofrer tratamentos diferenciados, é forçoso que se reúnam a tempo de cumprir o aprazamento total (juntada) antes da última fase operativa: a distribuição, justamente porque a encomenda deve chegar completa e a tempo no destinatário.

Se uma produção coesa depende, sobretudo, da capacidade de dosar os ritmos e controlar a efetiva transmissão das tarefas entre os agentes responsáveis por cada fase operativa sem que haja interrupções ou perdas de qualidade, a base de pensamento que fundamenta a fabricação no transporte deve garantir a efetiva sucessão das ações fabris, cuja condição de possibilidade é uma capacidade de gestão que deve articular soluções que contemplem, ao mesmo tempo, estudar as encomendas (no pilar da encomenda conceitual), desenhar os processos atinentes às captações de tendências emergentes (no sistema de tarefas) e controlar a efetividade da fabricação (gestão panóptica) em todas as fases da longa cadeia produtiva.

Ora, para garantir o engate e o encadeamento das ações fabris, sejam elas próximas ou distantes, cabe utilizar um artifício conceitual apropriado à necessidade em questão, que é ligar a encomenda a seu caminho como se houvesse uma transmissão mútua de impulsos entre os atributos das encomendas e os atratores das linhas fabris, sejam elas locais ou separadas por longas distâncias. Com o sistema de tarefas é possível prescrever e construir um processo industrial que seja executado como uma fabricação na qual a sequência da linha produtiva ocorra por atração de modos e tempos, mutuamente induzidos, de um lado, por meio do vetor cronobiográfico de cada encomenda, seu plano de execução, e, de outro, por fluxos desenhados no sistema como sucessivas tarefas que devem passar de um ator a outro no processo de produção.

É dessa forma que, na prática, se processam o engate e o encadeamento da linha produtiva em um processo no qual, sob gestões panópticas, atores cumprem tarefas, consumam registros (fase a fase, marco a marco) e encaminham as encomendas ao próximo continente[3] indicado (operação empurrada), o qual, por sua vez, exerce atração (operação puxada) porque possui os atratores correspondentes às tarefas determinadas no processo produtivo, que permite colocar as encomendas atraídas sob responsabilidade de outros atores, que iniciam suas tarefas para novamente encaminhar e engatar as encomendas nos continentes seguintes, e assim sucessivamente.

Os pontos de conexão da linha produtiva (fases e marcos) serão, portanto, como faróis de orientação que sinalizam e detalham processos, sendo posições, com placas virtuais, em que haverá atratores das tarefas, cuja função será induzir o movimento das encomendas. Na prática, a atração nada mais é do que a gestão de uma tarefa que, de um lado, se desdobra em informações detalhadas de seu conteúdo prático ao ator responsável e, de outro, no acompanhamento de seu cumprimento no tempo prescrito para sua execução. Como?

Um exemplo ilustrativo: quando uma carreta de transferência é descarregada em algum terminal, seja ele intermediário (transbordo) ou localizado na região onde a entrega ocorrerá, ocasionando a disponibilização das encomendas para a continuidade da fabricação dos serviços, com o sistema de tarefas, essa condição de disponibilidade sinaliza e dispara a criação de lotes produtivos por

---

[3] No presente trabalho, a noção de continente representa todo compartimento, fechado ou não, fixo ou não, que pode conter encomendas. Há semelhanças com as posições de guarda e controle dos sistemas de WMS (*Warehouse Management System*), porém as aplicações são diferentes no TMS (*Transportation Management System*) aqui preconizado. Mais detalhes serão descritos no próximo capítulo.

semelhança de atributos. Com isso, as encomendas contidas nos diferentes lotes podem ser atraídas pelos correspondentes caminhos fabris desses atributos, podendo ser "movidas" automaticamente por algum tipo de dispositivo mecânico, um *sorter*, por exemplo, ou por ações manuais dos atores responsáveis por levá-las aos devidos continentes na fábrica de transporte: a uma sala de segurança, por exemplo.

CAPÍTULO

13

A fabricação compartilhada de serviços-produtos

A fabricação compartilhada é o processo de produção que permite tratar encomendas desiguais com desigualdade. Ou: como fazer fluir correntezas diferentes em um mesmo rio.

CAPÍTULO 13

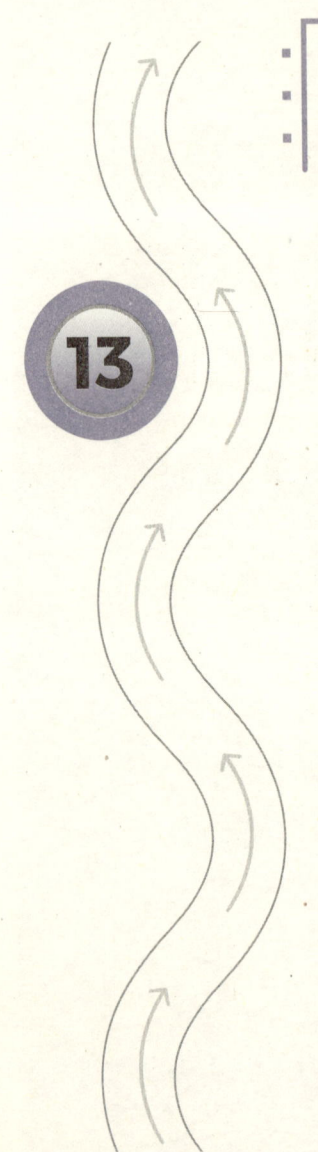

A plataforma de serviços-produtos de uma ou mais especialidades de transporte cuja fabricação, por definição, deve ser compartilhada, é pensada e desenvolvida a partir da ideia de que se pode escolher e operar encomendas mutuamente compatíveis cujos atributos afins podem gerar alta produtividade quando devidamente agrupados em um processo produtivo.

A fabricação compartilhada supõe a possibilidade de selecionar e ordenar atributos comumente agrupáveis nos processos operativos: as faixas de peso, os tratamentos requeridos e as diferenciações de aprazamento, condições essas que geram diferentes custos operativos, exigindo diferentes tarifas para cada serviço-produto.

A plataforma de serviços-produtos pretende expressar diferentes anseios e necessidades que podem variar por encomenda, criando distinções facilmente reconhecíveis dentre as diferentes expectativas de clientes quanto à prestação dos serviços. Sendo assim, em linhas gerais, é possível organizar os vários serviços-produtos em um portfólio estruturado em categorias gerais, por exemplo: *premium, standard e economic*, nas quais se podem lançar variações de serviços que expressam as expectativas mais frequentes.

Em termos conceituais, essas categorias gerais indicam que, conforme cresce a necessidade de tratamento diferenciado e a expectativa de prazo de entrega, haverá direta variação das tarifas. Dessa forma, no limite, os serviços-produtos enunciam soluções preconcebidas a serem apresentadas ao mercado por meio de marcas diferentes e próprias (*branding*), cada qual encaixada nos níveis de serviço supracitados, contendo um modo operativo, uma grade de prazos e um gabarito tarifário.

Como premissa da fabricação compartilhada, no portfólio disponibilizado, via internet ou por aplicativos, para produção numa mesma plataforma operativa, com as vantagens de aproveitamento dos ativos envolvidos, os clientes poderão escolher — para cada uma de suas encomendas — serviços-produtos que serão operados segundo um plano a ser associado a cada encomenda: um vetor que antecipa e informa os modos e os tempos certos pelos quais a encomenda precisa passar, diferenciando as operações em linhas produtivas que, na prática, são diferentes correntezas que correm em um mesmo rio: a produção geral.

Como viabilizar a fabricação compartilhada

A plataforma de fabricação que pode viabilizar o compartilhamento de operações de diferentes serviços-produtos se assemelha, como a metáfora da correnteza insinua, às diferentes linhas de produção numa mesma planta fabril. No método aqui preconizado, a produção no transporte é impulsionada a partir da leitura das etiquetas dos volumes que contêm os registros detalhados do Plano da Encomenda (PE), o qual prescreve, passo a passo, as tarefas parciais a serem realizadas em cada fase das operações.

A concepção de uma larga gama de serviços-produtos supõe a variação sutil dos insumos que os compõem: ora os tempos, ora os modos, ora as tarifas, permitindo que, numa plataforma sistêmica, clientes possam escolher diferentes serviços para encomendas que, em conformidade com essa escolha, devem receber um plano operativo detalhado da coleta à entrega, passando a estar sujeitas às condicionantes preestabelecidas de dado serviço-produto. Como?

A ideia de associar a cada encomenda um plano operativo detalhado supõe que, em sucessivas posições físicas e em diferentes tempos, a própria encomenda revele, pela leitura de suas etiquetas, os atributos que indicam as tarefas seguintes, os quais apontam e são atraídos por continentes nos quais processos específicos, correspondentes a esses atributos, devem ser realizados.

O compartilhamento produtivo de diferentes serviços-produtos nada mais é do que a resposta a comandos do Plano da Encomenda acionados por sucessivas leituras das etiquetas que, em cada fase operativa, identificam atributos cujo fluxo operativo independe do serviço-produto, uma vez que no calor das operações subjaz apenas a "ordem de prioridade", que é definida segundo oportunidades, modos e tempos das encomendas na fase operativa em que se encontram.

Ademais, em termos de oportunidade, dadas as particularidades e interesses envolvidos tanto de clientes como da produção, as encomendas podem ser aceleradas ou não, sob condições que apenas se revelam em dado momento operativo, seja por desejo de clientes, seja pelo acionamento pontual de "preferências temporais" se for interesse do transportador antecipar tarefas para cobrir eventuais ociosidades e gerar produtividade.

Em termos de fabricação, põe-se em causa uma lógica deôntica (das tarefas), criando um fluxo produtivo no qual as próprias encomendas guiam, quando suas etiquetas são lidas, os próximos passos da produção em uma linha imaginária de tarefas cujos engates, de uma fase operativa à outra, requerem a definição precisa dos tipos de posição física: continentes fixos e móveis, pelos quais as encomendas precisam transitar.

A noção de continente no transporte

Neste estudo, para fins metodológicos e práticos, a noção de continente se refere a áreas (terminais, salas, demarcações de piso, posições de armazenagem, veículos de carga etc.) e dispositivos de guarda (gaiolas metálicas, caixas-manga, sacos-coletores etc.) onde se podem guardar, controlar e tratar volumes de encomendas e cargas, seja como: passagem, meio de movimentação, posição de armazenagem ou ponto de realização de tarefas.

> *Por definição, os continentes, especialmente os utilizados na movimentação física, podem conter volumes e outros continentes: agrupamentos de encomendas, agrupamentos de continentes, e assim sucessivamente, lembrando a boneca russa (matrioska), cuja graça consiste no fato de uma estar dentro da outra.*

A gestão logística, a qual normalmente faz uso de sistemas especializados de WMS (*Warehouse Management System*), se baseia na ideia de conhecer e controlar, em dado armazém logístico, as posições físicas de armazenagem disponíveis para alocar itens ou SKU (*Stock Keeping Unit*), no mais das vezes, em estruturas porta-paletes dispostas em estruturas com vários andares, ao mesmo tempo que as informações são espelhadas em sistemas, permitindo o acesso sistêmico a tempo e a hora para recolher, quando necessário, itens selecionados de maneira organizada, o chamado *picking*, cuja função é separar e acondicionar em volumes, o chamado *packing*, compondo a família de produtos a serem expedidos a um comprador que os solicitou.

Na gestão tradicional de transporte não há preocupações de controle tão preciso, em tese porque o mister de transporte seria apenas movimentar de um ponto a outro, o que a rigor não deveria gerar mudanças de integridade: (1.) da família de volumes e/ou de seus conteúdos, (2.) de ritmo operativo e (3.) de modo produtivo (tarefas).

Na prática, o plano operativo nem sempre se concretiza com exatidão, seja por ineficiências de processo, seja por haver dinâmicas de mercado que ensejam mudanças que emergem durante a realização dos serviços, motivadas tanto pelo calor das operações como por pedidos de clientes. Mesmo quando o transportador opera apenas um serviço-produto, quer dizer, quando não há produção compartilhada, é necessário que haja um controle altamente preciso de tempos e posições pelos quais as encomendas transitam, o que implica o uso de continentes nas várias versões supracitadas.

Se o conceito de continente se assemelha à gestão de posições de armazenagem nas operações logísticas, a diferença mais evidente é que no transporte as encomendas podem exigir tratamentos pontuais e alternâncias de movimentos e paradas enquanto avançam no espaço e no tempo em direção ao ponto de entrega, o que ocorre segundo o Plano da Encomenda, o qual — conforme comentado anteriormente — pode ser alterado por conveniência operativa e por intervenções pontuais dos agentes envolvidos.

14
CAPÍTULO

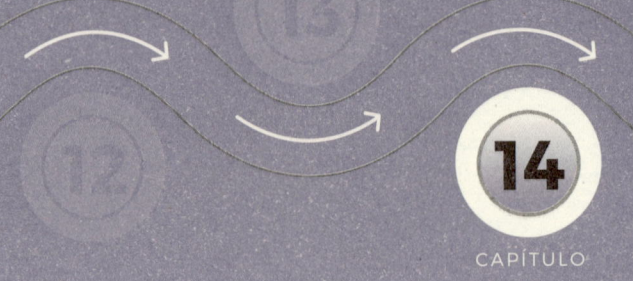

A distribuição tradicional de cargas e encomendas

Condições da oferta de serviços de transporte e seus efeitos nos embates concorrenciais.

CAPÍTULO 14

As áreas de abrangência e a participação de mercado

O escopo de uma especialidade deve ser definido a partir do estudo das características (atributos) das encomendas, das demandas disponíveis em dado recorte de mercado e das capacidades presentes em certa transportadora. Especialidade e foco não são necessariamente sinônimos. Especialidade é uma ideia de âmbito mais geral na qual estão descritos os contornos de um serviço, devendo comportar certos limites do que transportar, do como operar e do quanto se pode e se deve cobrar pelos serviços prestados. O foco, por sua vez, trata de matizar esses mesmos limites para, na prática comercial, recepcionar as demandas de transporte com as particularidades de cada sub-região operada e permitir, de maneira formal, certas variações sutis no perfil das encomendas, buscando as devidas adaptações para propiciar agilidade no enfrentamento concorrencial.

Logo, conceitualmente falando, no escopo de uma especialidade, os atributos das encomendas devem se manter constantes, mas podem variar em grau nos diferentes recortes geográfico-comerciais da área de abrangência atingida por dada transportadora. Explicando melhor: o efeito mais comum na composição dos fluxos de um transportador, sob a égide das especialidades, é que as diferentes extensões de abrangência promovam a atração de encomendas que, mesmo tendo conteúdos semelhantes e até idênticos, podem diferir em quantidade e valor dos itens (grau), uma vez que os compradores, quando escolhem os fornecedores (que podem estar em diferentes localidades) de determinada encomenda, o fazem considerando diversos interesses, dos quais a decisão de transporte é uma espécie de arranjo complexo no qual se conciliam o tempo de entrega e o custo de frete para cada caso.

Ora, a decisão de comprar é tomada levando em consideração certas condições de possibilidade como: o capital disponível, as condições de pagamento, a variedade de itens ofertados por dado fornecedor, a competitividade do preço e, em ambientes de alta concorrência, especialmente, o tempo de entrega, que depende da distância, do modo de transporte e do transportador escolhido.

É por isso que os mesmos itens costumam ser adquiridos de diferentes agentes,[1] assim, no que toca à gestão de especialidades, as diferentes abrangências influem nas vendas de uma transportadora e, por consequência, na composição dos fluxos, assinalando diferentes resultados dos indicadores de pertença, sobretudo nos de peso, volume e valor mercantil, já que as encomendas serão diferentes.[2]

---

[1] De fabricantes, de distribuidores, de comércios etc.

[2] Por exemplo: um lojista, cujo comércio está localizado em um município do interior de Minas Gerais, pode optar pela compra dos mesmos itens em diferentes quantidades, ora em São Paulo (1.000km), ora em Belo Horizonte (250km), ora em outras localidades (+ de 1.000km) utilizando, para tal, transportadores cujos fretes e serviços são diferentes, escolhendo a melhor oferta segundo cada encomenda.

É comum que, no início de atividades, as transportadoras operem com abrangência restrita e consequentemente com menos possibilidades comerciais, razão pela qual é provável que se obriguem a buscar fluxos generalistas por não poderem adotar plenamente as melhores práticas de seletividade especialista, entretanto, à medida que crescem e aumentam a área de atendimento, é natural que passem a adotar práticas especialistas para ganhar mais rentabilidade. Nesse estágio de desenvolvimento, porém, as transportadoras mais abrangentes e de porte mais robusto não podem desconsiderar a disposição de luta das transportadoras menos abrangentes e pequenas, que justamente por terem menos fluxos acabam por praticar fretes muito baixos que parecem desafiar a lógica mais elementar da boa formação de preços.

A proliferação de ofertas tentadoras costuma sinalizar a ideia errônea de que toda tarifa baixa se estriba numa efetiva competitividade de custos, e não que, na maioria dos casos, tais ofertas nada mais são do que a consequência de entrechoques concorrenciais que visam à sobrevivência em um mercado que é naturalmente conflagrado.

Afora as considerações de cunho moralista, cuja reverberação pouco afeta a realidade de mercado, a verdade é que a disseminação de ofertas de preço baixo incentiva muitos clientes a usarem diversas transportadoras (*Share of Wallet*), possibilitando-lhes decisões conforme o melhor custo-benefício. Tal situação nada mais é do que o exercício pleno do livre mercado numa atividade na qual são comuns embates encarniçados que visam compensar diferentes graus de qualidade, embates que, por meio de reduções de preço, alteram a percepção de valor dos clientes.

No limite, o desafio das metodologias de especialidade é propiciar às empresas maiores e mais abrangentes, sobretudo, modos eficazes de gestão que tornem atrativos os serviços sem adicionar custo excessivo, blindando a participação de mercado e protegendo as transportadoras mais organizadas das que agem sob o calor do momento e ofertam serviços e tarifas sem base sustentável.

A padronização advinda da adoção de especialidades permite, em certos perfis selecionados, atuar com tarifas mais baixas nas sub-regiões da distribuição, sem, contudo, causar a erosão das margens gerais, e, ao contrário, permitindo arranjos operativos com diferentes misturas de encomendas que podem resultar em ganhos efetivos, ou seja, pode-se concluir, levando em conta as evidências comentadas, que uma maior abrangência operativa combinada com a adoção de práticas especialistas resultará em maior eficácia da abordagem comercial, dada a grande disponibilidade de demandas, facilitando o desdobramento das ofertas em serviços sutilmente diferentes: com fretes adaptados aos recortes regionais, às sensibilidades dos clientes, ou a quaisquer outras combinações que visem enfrentar a concorrência no intuito de reunir as encomendas desejadas ou de impedir a progressão dos concorrentes.

A concentração de fluxos na prática operacional

Uma das condições favoráveis à atividade de transporte de cargas é a possibilidade de operar com fluxos cuja qualidade (e quantidade) garantam produtividade nas diversas fases operativas e, sobretudo, dia após dia, nas rotas de distribuição. Na prática do transporte, as fases de início e fim, isto é, de coleta e entrega, que podem ou não ser efetuadas por um mesmo veículo, serão mais produtivas se ocorrerem com concentração geográfica, ou seja, em pontos próximos, condição comumente chamada de concentração operativa, na medida em que pode ser obtida pela repetição frequente (diária ou não) de fluxos nas mesmas áreas de distribuição.

Independentemente da adoção de sistemas de roteirização, cuja função é racionalizar o uso de veículos, o critério de valor da concentração de fluxos que, de início, remete à maximização do uso dos fatores de produção disponíveis — veículos, estruturas e demais recursos disponíveis — e à consequente produtividade alcançada não deve degenerar em um exclusivo interesse de reduzir custos, situação que pode ocorrer se houver confusão entre os critérios temporais (prazos de entrega) e quantitativos (encomendas a serem distribuídas); quer dizer, se o gestor optar por acumular fluxos para gerar concentração em desobediência aos tempos-limite de cada encomenda.

Prioritariamente, as rotas devem obedecer a caminhos e sequências segundo tempos e modos determinados pelas encomendas. Por exemplo, se em certo dia, em determinada área de distribuição, uma encomenda precisar ser entregue às 10h30, o ponto de entrega e o horário definidos poderão se tornar, respectivamente, epicentro e o marco de tempo da roteirização.

Ambos, local e tempo, portanto, podem se tornar prioridade da rota, ou seja, um ponto para o qual o veículo deverá seguir direto para efetivar a entrega no tempo certo: um epicentro, ou a semente da rota, por assim dizer, um ponto do qual, depois de efetivada a entrega da encomenda mais prioritária, as outras deverão ser atendidas conforme a hierarquia de prioridades e lógicas de percurso. A concentração, portanto, não pode assumir prioridade em detrimento de compromissos assumidos e devidamente conhecidos, devendo ser perseguida por outros meios.

É evidente que a decisão de quantas rotas e veículos deverão ser utilizados em determinado dia dependerá das encomendas efetivamente disponíveis, isto é, aptas a serem entregues nas filiais de destino. Assim, em paralelo ao interesse de concentrar fluxos, é necessário adotar a priori uma matriz de decisão que indique a quantidade de frotas a ser utilizada conforme o melhor custo-benefício e as disponibilidades estruturais. Quer dizer, sendo essa uma tarefa complexa, não pode ser executada apenas com base nas áreas de endereçamento (CEP), ou seja, sem considerar outros fatores significativos.

Independentemente da especialidade envolvida, nas rotas mistas, ou seja, nas quais se efetuam tanto entregas como coletas, é usual o roteiro de entregas ocorrer de manhã, antes do de coletas, que costuma ocorrer à tarde, período durante o qual os clientes comumente expedem; assim, em ambos os períodos, um mesmo veículo realiza operações distintas. Na parte da manhã, as entregas seguem uma sequência com ordem e horários predefinidos, e a cada parada, conforme as entregas ocorrem, o veículo vai sendo esvaziado para depois ser possível, na parte da tarde, começar a coletar no caminho de volta à base, tentando seguir uma ordem e horários que permitam realizar as coletas automáticas (pré-programadas), as programadas no dia anterior e as que foram solicitadas durante o expediente e podem ser realizadas no dia corrente.

Condições de distribuição dos diferentes tipos de encomendas

A produtividade que se observa na distribuição de transportadoras focadas em encomendas b2b, mesmo que com certa incidência de b2c, remete à evolução histórica dos núcleos urbanos. A razão disso é simples. Uma cidade nasce e cresce a partir de um ponto, um centro, onde, com o tempo, as atividades empresariais tendem a se concentrar e as moradias a diminuir. São muitas as razões desse fenômeno: a obsolescência construtiva, a valorização comercial das regiões centrais, a migração de moradores para áreas residenciais mais nobres etc.

Assim, salvo exceções pontuais, os centros tendem a concentrar entregas em comércios e escritórios, enquanto nas áreas periféricas tendem a predominar entregas em domicílios, lembrando que falamos de transportadoras que privilegiam as entregas b2b, pois há, por óbvio, entregas de todos os tipos em toda cidade.

Numa distribuição com frequência diária, contudo, o problema dos tipos não se restringe às diferentes proporções de ocorrência de um ou outro nas diversas sub-regiões das áreas urbanas, uma vez que, em quaisquer especialidades e rotas, são verificáveis diferentes graus de sensibilidade dos destinatários, o que afeta a permeabilidade operativa e reforça a necessidade de separações.

Nesse sentido, o que chama a atenção são os diferentes comportamentos dos recebedores a partir dos papéis assumidos por eles em cada caso. Os recebimentos corporativos costumam reproduzir ciclos de compra cujo recebedor apenas exerce tarefa profissional, razão pela qual a taxa de sucesso dessas entregas é elevada. Diferentemente, os recebimentos domiciliares são compras cujo recebedor — que na maioria das vezes é o comprador do bem — está direta e emocionalmente envolvido, podendo e, de fato, reagindo às quebras de expectativa tanto em relação aos bens como aos serviços de transporte, o que reduz sobremaneira a taxa de sucesso dessas entregas, especialmente quando adotados os corolários tradicionais e desconsiderados os novos modelos distributivos, comentados no próximo capítulo.

No Brasil, devido à realidade social, as condições urbanas são singulares, assim "domicílio" pode significar coisas muito distintas, sujeitando as operações de transporte a dificuldades de acesso e a riscos de múltipla ordem. O problema é complexo e tem várias derivações, culminando com a necessidade de pensar os tipos e os efeitos de suas misturas numa mesma rota, o que, na prática, implica, em certos dias e áreas de distribuição, considerar a possibilidade de: ou excluir um deles, isto é, operar cada tipo em um veículo separado, ou, em um mesmo veículo, dosar a mistura com limites de participação de cada tipo, decidindo conforme a produtividade histórica aferida na prática.

CAPÍTULO

15

Os novos modos de consumo e as transformações na distribuição de cargas e encomendas

Cresce a complexidade das trocas econômicas e o transporte responde com mais inovação.

CAPÍTULO 15

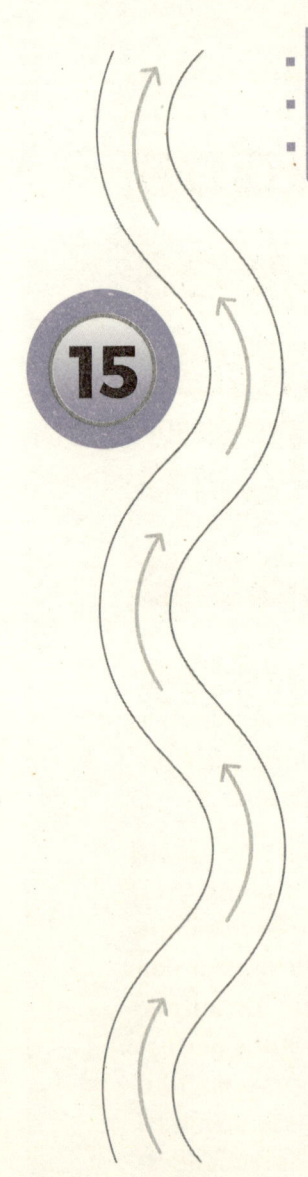

No capítulo anterior, a ênfase foi dada às descrições dos tipos e modelos usuais de distribuição de cargas e encomendas, os quais prevalecem profundamente arraigados aos mercados tradicionais que focam, sobretudo, os canais de vendas mais conservadores (b2b), nos quais bens intermediários e finais fluem em longas cadeias de valor até o consumidor final.

Com as novas aplicações tecnológicas voltadas às vendas online, cuja consequência foi a equiparação de forças comerciais pela superexposição de ofertantes de vários portes na internet, a concorrência se diversificou e cresceu, assim milhões de consumidores passaram a ter acesso, em tempo real e de maneira bastante evidenciada, às diferentes ofertas de um mesmo bem, o que lhes permitiu, com um simples "clique", optar pela melhor compra.

O crescimento exponencial do e-commerce tem incentivado profundas transformações no transporte e na logística. No caso do transporte, novas especialidades têm surgido sob influência das diferenças de percepção de valor dos consumidores. Aliás, como o mesmo consumidor tem comportamento variável em diferentes circunstâncias, conforme variam as necessidades de urgência e de custo do frete, a decisão de escolha do serviço de transporte será diferente.

Se há diferentes necessidades de transporte, a ideia de oferecer diversos serviços-produtos nos portfólios das transportadoras é uma consequência lógica dessas demandas diferenciadas. Custo de frete, tempo de entrega e possibilidade de escolha de diferentes pontos de retirada e remessa, obviamente, se alternam em importância e proporção na decisão a ser tomada, incentivando o transportador a criar tantas alternativas quantas forem as necessidades de mercado.

Mas, antes de aprofundar a temática dos serviços-produtos de transporte, é preciso compreender a longa jornada de transformação dos hábitos de consumo. De certa maneira, o consumidor sempre se adaptou aos meios e acessos disponíveis às compras de bens de seu interesse; assim, para comprar no universo tradicional, havia o comércio tradicional, que hoje se chama de loja física. O conceito de loja evoluiu ao longo do tempo para atender às diversas oportunidades de atrair públicos. As lojas sempre tiveram diversos formatos de especialidade e diferentes portes, respondendo aos impulsos de consumo constatados em determinada área geográfica, variando conforme os aspectos culturais e a renda.

A história da evolução dos formatos dos pontos de venda registra o nascimento do adensamento de diversas categorias de bens em lojas de departamentos, fenômeno que remete ao fim do século XIX e início do XX, ocasião em que grandes cadeias se formaram, e segue — no período pós-Segunda Guerra, em Minnesota, EUA — com a criação do primeiro Shopping Center (Mall) em 1848, formato cuja aceitação foi muito variada em diferentes países, mas no Brasil foi um modelo prevalente em relação ao formato das lojas de departamentos.

Ao longo dessa jornada evolutiva, o consumidor não mudou tanto, porque o desejo de facilidades como estacionamento, áreas de entretenimento e acesso a grande sortimento de bens sempre esteve presente em seu íntimo. Em meados da década de 1990, com a chegada das vendas online, uma nova fase se iniciou. Do formato tradicional da loja física — que se desdobrava em vários portes e modelos de negócio como magazines, redes de lojas próprias, franquias e multimarcas — nasceu a loja virtual como reação do mercado tradicional, a princípio um tanto despretensiosa, às novidades.

> Transporte sob encomenda

Ao mesmo tempo, um movimento mais articulado se fazia sentir com a criação de operações de comércio eletrônico mais robustas, algumas surgidas da raiz empresarial das vendas diretas por catálogo ou por telefone, essas últimas cuja divulgação ocorria em programas televisivos; e, outras, como braços online de grandes cadeias de lojas de departamentos. Foi um movimento prolífico de ocupação do universo virtual, de um lado, como apoio a modelos de sucesso que se atualizavam e, de outro, como ação protetiva ao mercado cativo das grandes cadeias de lojas. Mas a jornada continuava.

Do site próprio, cuja criação era quase um fetiche das empresas tradicionais, a fase seguinte foi a criação do conceito de *Marketplace,* algo parecido com a ideia de um shopping no mundo virtual, onde as cadeias de lojas, em princípio para uso próprio, organizavam suas ofertas. Logo a ideia tomou outro sentido, porque ficou evidente que havia oportunidades de cessão do formato a terceiros, como ocorria com os espaços físicos nos shoppings centers, assim o *Marketplace,* com sua grande visibilidade, passava a oferecer uma larga gama de serviços, passando, por exemplo, a cuidar dos processos logísticos em sua totalidade (*fullfillment*).

Com o *Marketplace,* ficava mais fácil vender online, bastando se associar a uma dessas plataformas que ofereciam uma gestão completa das vendas online, modelo que se tornou um negócio muito atraente para médias empresas que queriam se ancorar em plataformas de grande audiência.

Em paralelo, como alternativa ao *Marketplace,* surgiu o conceito de *Dropshipping,* que, em uma de suas vertentes, pode ser uma espécie de venda triangulada, porque nesse formato o estoque fica no fornecedor, ou seja, quando a venda ocorre no site vendedor, em oculto, há uma operação de compra e venda entre os parceiros, a preços de atacado, ficando o fornecedor responsável pela logística e o transporte, fazendo a remessa ao consumidor, a preços de varejo. Mas há também outro tipo de *Dropshipping* no qual não há relação de compra e venda entre parceiros, havendo apenas comissionamento, o que lembra a ideia de representação comercial.

Em seguida, a evolução das vendas online chegou a um momento de integração com a loja física, que continuava existindo e sendo relevante, ou seja, o consumidor continuava sendo atraído pelas comodidades de comprar na loja física, mas não abdicava das compras online, não havendo de fato preferências excludentes. Assim nascia o conceito do *Omnichannel,* nada mais do que a integração das várias plataformas de vendas e uma resposta bastante óbvia às diversidades de comportamento do consumidor.

Dessa forma, com o *Omnichannel,* as conveniências de consumo tomavam o sentido de um *trade-off*: poder escolher a cada situação o melhor canal de compras. Por consequência, mas também por constatação de que as vendas aumentavam em todos os canais, o *Omnichannel* ensejou a integração dos estoques a molde dos impulsos e desejos do consumidor. Essa jornada passava pela necessidade de integrar o sortimento de itens em um estoque único, ordenando as ofertas de modo que determinado item pudesse ser oferecido a partir do melhor ponto disponível.

Havia, porém, um problema de fundo: como, com predição precisa, manter estoques suficientemente sortidos e disponíveis à curta distância? Ora, entravam em cena múltiplos sistemas de análise de demanda, visando entender e otimizar, em uma mesma base, os hábitos de consumo em certo recorte geográfico, considerando os itens de estoque mais comprados, alternando soluções com lógicas de movimentação e alocação conforme a demanda esperada, algo bastante comum nos mercados tradicionais (b2b).

Agora o *Omnichannel* exigia a mediação e a alocação dinâmica dos estoques em (1.) múltiplos centros de distribuição, localizados em várias macrorregiões; em (2.) *Dark Stores* (ideia de ter lojas de estoque estrategicamente distribuídas) e em (3.) lojas físicas para suportar as vendas presenciais e online, decidindo por centralizar ou realocar, por meio de sistemas de inteligência artificial, itens de estoques segundo a flutuação da demanda nos diversos pontos de vendas.

Havia, porém, sob esse movimento de inovação, um dilema muito conhecido: para suportar as novas demandas de *Same* e *Next*

Day Delivery (entregas no mesmo dia e no dia seguinte) era preciso otimizar o posicionamento dos estoques sem exceder demais os custos logísticos e de fretes. E havia um componente novo nessa equação: agora não apenas bens de alto valor eram demandados dessa maneira, ao contrário, os bens de baixo valor também seguiam essa tendência, devendo, por conveniência, estar próximos do consumidor. Como fazer?

O desafio era crítico, mas também reservava um amplo campo de oportunidades para o transporte e a logística. Assim, à medida que essas demandas cresciam e se tornavam mais democráticas, porque mesmo as pequenas empresas precisavam resolver essas questões, surgiram iniciativas que abrangiam novos modelos de gestão logística, agora voltadas aos pequenos expedidores, e novos modelos de transporte com variações criativas nos modos de fazer as cargas e encomendas chegarem aos destinatários com velocidade e acuracidade.

Novamente, os insumos básicos do transporte — tempo de entrega, custo de frete e modo operativo — voltavam a excitar a imaginação dos gestores de transporte. Os embarcadores avançavam com o *Omnichannel*, abrindo e integrando seus estoques para aproximá-los dos pontos de consumo, reduzindo os tempos. Nascia, assim, o conceito do *Ship From Store*: venda online operada pela loja física, com o acionamento centralizado de estoque.

Na mesma linha, criavam-se formatos diferentes: surgiam, por exemplo, as *Guide Stores,* literalmente lojas-guia, com formato físico e onde o consumidor pode ter uma experiência com os produtos; lojas sem estoque, nas quais a venda pode ser efetivada, mas a entrega será feita depois no local indicado pelo consumidor; e ainda as *Pop Up Stores*, lojas físicas não perenes, ou seja, lojas que surgem da necessidade de atender a demandas pontuais com o uso de espaços fixos ou mesmo móveis (*Store Trucks*).

Se as demandas estavam mudando, o transporte precisava mudar para melhorar a experiência do consumidor, que queria, por razões diversas, mas sobretudo por conveniência ou redução de gastos, ter alternativas de recebimento e entrega de suas encomendas. Então, surgiram os *Pick Up* e os *Drop Off Points*.[1] Os primeiros: pontos onde o transportador pode entregar várias encomendas a um agente nomeado que fica responsável por recepcionar quem optou por retirar e que obtém aumento de público em seu comércio; e os segundos: pontos nos quais o cliente pode postar uma encomenda ou devolver (operação reversa), ambas em substituição à coleta em seu comércio ou residência.

O fenômeno do *Omnichannel* despertou desejos íntimos de um consumidor ávido por mudar seus modos de consumir, tornando-se, por assim dizer, um omniconsumidor. Esses novos modos de consumo se efetivaram nas integrações dos universos online e offline, como é caso, por exemplo, das iniciativas de Click&Collect, literalmente clique e retire na loja, movimento bem consolidado em lojas de departamentos e outros varejistas brasileiros. Muitos deles demarcaram áreas de *Pick Up Store* em suas lojas para atender a clientes que compram online e vão retirar o produto na loja.

Não à toa, o crescimento do b2c, a partir das novas motivações de consumo tem ressaltado as limitações dos processos de transporte como um todo. Há, de parte de muitos transportadores e operadores logísticos, uma excessiva ênfase no *Last Mile*, ensejando iniciativas cada vez mais criativas para resolver as travas de distribuição.

Na esteira dos *Marketplaces* de compartilhamento e colaboração, como o Uber, vicejam iniciativas de: (1.) *Crowdshipping* — espécie de formigamento da distribuição no *Last Mile* com o uso de entregadores a pé, de bicicleta, de motos etc.; e a adoção de (2.) *Lockers*, armários para retirar encomendas.

Ainda que tais movimentos sejam bem-vindos, para que a água chegue à torneira da casa, limpa e fluida, antes é preciso cuidar do *First Mile* e do *Middle Mile*, fases operativas que dependem de condições de possibilidade e da calibragem de expectativas, assunto do próximo capítulo.

---

[1] Os modelos de *Pick Up* e *Drop Off*, que podem ser pontos com as duas funções, são designados genericamente de *Pudos*, um acrônimo das iniciais de ambas as expressões.

CAPÍTULO

16

Condições de possibilidade e calibração de expectativas

Clientes e operadores de transporte e logística precisam oferecer condições para obter possibilidades. Para equilibrar possibilidades e expectativas, deve prevalecer o comprometimento de todos os envolvidos.

CAPÍTULO 16

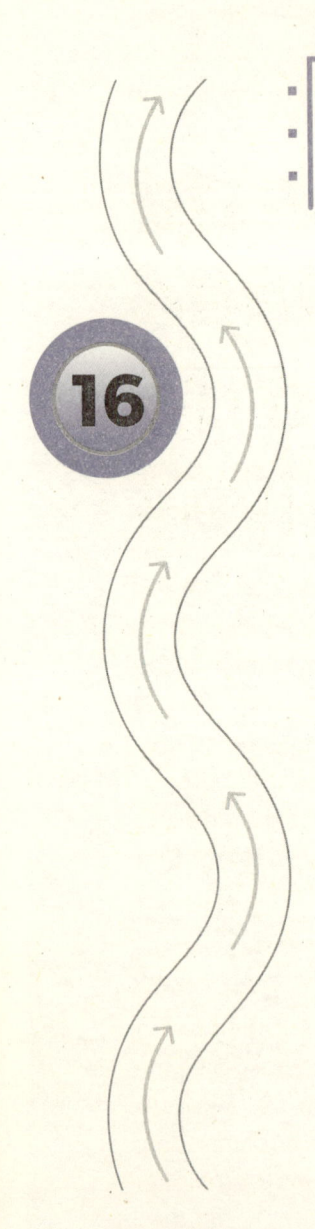

Os fundamentos e as práticas da fabricação de serviços no transporte têm como paradigma a ideia de uma linha de produção ampliada da qual fazem parte diversas cadeias de valor, cujos participantes engatam atividades que, no limite, se conectam por meio de diferentes modais e especialidades de transporte. Quando pensadas em termos amplos, as cadeias de valor são ramificações complexas que integram, em rede global, relações socioeconômicas, cujos fios condutores, mais cedo ou mais tarde, tocam um consumidor final.

Ao imaginar esse emaranhado de fios que compõe a grande epopeia da produção de bens, intermediários e finais, cuja história remonta à origem da civilização humana, é possível enxergar uma corrente cujos elos representam sucessivas condições de possibilidade. Há amplos exemplos de como o homem aproveitou as condições disponíveis no meio natural para obter possibilidades.

As primeiras estradas, por exemplo, descendem de caminhos nos quais caçadores pré-históricos acompanhavam manadas que, ou migravam em grandes distâncias, ou seguiam em direção a rios e depósitos de sal. Por séculos, a repetida impressão — na terra virgem — de pesados cascos animais demarcou o que viriam a ser futuras trilhas humanas.

Cidades surgiram onde havia possibilidade de acesso à água e ao sal; o comércio se estabeleceu nas proximidades; cidades distantes comerciaram por rotas em diversas distâncias, assim o homem aprendeu a aproveitar e a criar possibilidades e a civilização evoluiu. Hoje, no âmbito das relações produtivas, as condições de possibilidade passaram a significar o comprometimento, dos agentes que interagem, com cumprir promessas de tempo e qualidade nas passagens de fase das longas cadeias produtivas, em mútuo acordo de expectativas.

Em um mundo acelerado no qual a noção de tempo se tornou critério de valor da produtividade, o transporte se tornou insumo básico cujas soluções devem contemplar tempos justos (calibrados) para cada operação requisitada, com controles precisos, a exemplo das aplicações em projetos: PERT (*Program Evaluation and Review Technique*), cujas metodologias buscam estimar os tempos máximos ou críticos para obter a mais acurada previsão.

O uso do PERT nada mais é do que uma tomada de consciência da complexidade dos processos e de que há variações nos tempos de execução de cada parcela do compromisso assumido, cabendo equilibrar condições de possibilidade e expectativas, porque as passagens de fase da produção e os respectivos engates às fases seguintes dependem de ações antecedentes, ou seja, cada ator depende do ator anterior que lhe passa o bastão produtivo para que cumpra sua tarefa, condicionando a ação do ator seguinte, que recebe o bastão para atuar, e assim sucessivamente. A cadeia produtiva é uma corrente cujos elos se tornam mais fortes à medida que são reduzidas as ineficiências de tempo e modo produtivos, porém ineficiências sempre existem, logo, para obter previsibilidades seguras, tempos críticos devem ser considerados.

Sendo assim, o caminho da eficiência evolutiva (PDCA) depende do bom equilíbrio entre as condições de possibilidade e a calibração de expectativas, passando necessariamente pela permeabilidade operativa, cujo sentido foi exposto em um capítulo anterior. É um dado da realidade que o transporte de encomendas, ao contrário do transporte industrial, atua nas fases mais próximas ao consumidor final, todavia, da parte dos embarcadores, especialmente dos gestores de logística, nem sempre há consciência de que o processo produtivo, com seus controles, deve nascer antes da coleta, na doca de expedição, onde se podem antecipar muitas providências de interesse mútuo, ocasião em que entram em cena os mais variados modelos de permeabilidade.

Docas de expedição

A fabricação no transporte é faseada. O primeiro engate ou primeira passagem de fase da produção, na qual o bastão das tarefas chega à mão do transportador, pode variar bastante. A permeabilidade desejável é que, seja qual for o modelo adotado, as cargas e encomendas tragam consigo as condições necessárias para facilitar as operações. A primeira característica das boas encomendas é serem entregues ao transportador com embalagens adequadas, cujo sentido é de serem suficientemente protetivas e exclusivas, o que quer dizer não serem embalagens de exposição nos pontos de vendas, quando forem destinadas a comércios.

Embalagens adequadas, conforme já dito, não deixam de entrar na conta das condições de possibilidade, porque, em contrário, o transportador não poderá oferecer boa qualidade de serviços, independentemente de os destinatários serem comércios. E mais: as condições desfavoráveis das embalagens podem exigir cuidados extras, nem sempre gratuitos, para garantir a intocabilidade dos conteúdos, algo que, por vezes, o transportador pode fazer como atividade adicional ou por interesse comercial.

São também condições de possibilidade as melhores estruturas da doca de expedição, quando o transportador tem oportunidade de operar um espaço cedido na expedição do cliente, muitas vezes isolado por fronteiras físicas (enclave), de onde pode controlar, durante o tempo de execução das tarefas, as condições de chegada das cargas e encomendas, sejam das embalagens, dos arquivos de dados ou do tempo operativo, quando houver tratativas de horário de corte.

A doca, como enclave do transportador no cliente, pode servir de controle de fase e tempo quando a permeabilidade for elevada, pois a cada encomenda que chega, a exemplo das fronteiras de migração, são efetuados registros do horário de seu ingresso no campo de ação do transportador, permitindo o corte de horário. Quer dizer, por exemplo, se o horário de corte for 17h00, as encomendas recebidas na doca até esse horário mantêm os prazos negociados e as recebidas depois sofrem acréscimos de tempo, em dias ou horas, colocando em prática a ideia de condições de possibilidade.

Mas, além do controle encomenda a encomenda, a doca de expedição no modelo enclave também serve de controle do processo geral, como é o caso do horário-limite da saída do veículo da expedição, porque de nada adiantará controlar o horário de corte de cada remessa se o cliente exigir que a saída do caminhão ocorra apenas após a última encomenda entregue na doca. Obviamente, o transportador, como sempre ocorre, tenta compensar as falhas de expedição, mas devem valer as tratativas da permeabilidade, sendo necessário, na melhor intenção evolutiva, que nas reuniões de performance se apresentem de ambos os lados os KPIs estabelecidos.

Os modelos de doca de expedição cumprem diversos papéis e nada impede que o transportador atue em funções que nem sempre lhe cabem, havendo, muitas vezes, avanços em atividades que deveriam ser de responsabilidade do cliente, como é o caso do controle de conciliação, considerando que são muito frequentes as anomalias na formação das famílias de volumes, haja vista a origem de itens de uma mesma remessa poder partir de áreas distintas de armazenagem, o que eleva o risco do descasamento temporal do liame familiar. Quer dizer, por vezes, o transportador precisa segurar na doca, por mais de um dia, famílias incompletas porque o engate produtivo só pode ser disparado quando a família estiver completa, o que enseja a consideração desses tempos de espera como acréscimos no compromisso de prazo de entrega.

Nada impede também, como tem ocorrido com cada vez mais frequência, que o transportador atue com funções mais amplas nos processos de expedição, seja com docas ou não; podendo, por exemplo, ter atividades mais complexas de conferência e mesmo de *picking* nos locais de armazenagem que podem ser do cliente ou de um operador logístico por ele nomeado. Mas esse tema é mais afeito ao pensamento logístico, não tendo tanto espaço neste livro.

Condições de possibilidade também são as permeabilidades sistêmicas que envolvem e encadeiam as diversas configurações de etiquetas identificadoras, do cliente ou do transportador, coladas nos volumes, cujo rol de informações pode abranger dados de interesse do transportador para facilitar a fabricação no transporte, podendo adiantar processos e acelerar engates com o fito de reduzir os tempos operativos.

Há também, nessa mesma linha de interesse, os processos de troca eletrônica de dados (EDI), aplicação bastante comum e que segue útil, ainda que novas tecnologias estejam surgindo para melhorar a permeabilidade, como aplicativos versáteis que permitem muitos movimentos de interação e integração mesmo em pequenos clientes que pedem coletas avulsas, ou que fazem uso das fases operativas realizadas em *Pudos*.

Docas de recepção

Menos comuns, mas não menos importantes, são as docas de recepção, as quais ocorrem sobretudo em destinatários com frequência de recebimentos. Podem ser casos de operações *inbound*, referidas às atuações de parceiros que operam a logística interna de empresas, os quais às vezes também são transportadores que assumem tarefas de recepção de cargas e encomendas, podendo também em alguns casos se tornarem responsáveis pela alocação de SKUs em posições-paletes definidas por sistemas de WMS nos armazéns das empresas às quais prestam serviços.

No âmbito desse trabalho, todavia, interessa primordialmente discorrer sobre uma edição particular das docas de recepção: a de operações de transportes que, por diversas razões, precisam avançar, ainda que sutilmente, nas operações logísticas dos destinatários, casos em que é necessário gerir na doca de recepção algumas atividades de preparação, seja por interesse mútuo ou por exigência dos remetentes. É o caso, por exemplo, das entregas em grandes distribuidores farmacêuticos, que costumam recepcionar suas encomendas sob certas condições de separação de itens, datas de validade etc., por vezes exigindo paletizações e outros movimentos, conforme padrões próprios.

Nesses casos, a doca de recepção entra na conta das condições de possibilidade no âmbito comercial, porque tem se tornado exigência de remetentes, cuja negativa do transportador pode impedir a celebração de um negócio. Sobre essa condição especial, que virou regra de mercado, cabe a reflexão se realmente faz sentido cumprir certas tarefas que nem sempre são remuneradas ou, quando são, isso nem sempre é feito com tarifas adequadas. O fato é que certas coisas se tornam inescapáveis.

Supondo, todavia, que o transportador age a partir de reflexões lógicas, a doca de recepção pode fazer sentido e até significar melhorias nas gestões de qualidade e custos, podendo, inclusive, ser objeto de desenvolvimentos processuais que levem à ampliação do escopo dos serviços prestados, algo que pode ser incluído na noção de fabricação de serviços, dado que um desenho operativo sob medida pode se tornar fonte de diferenciação comercial e de bons resultados.

Do ponto de vista da reflexão das condições de possibilidade e da calibração de expectativas, tema deste capítulo, a doca de recepção merece considerações e aprofundamentos, cabendo conhecer as necessidades de cada destinatário em particular, conhecimento esse que resulta de registros gerais nos cadastros de clientes na seção de "condições operativas" onde podem se tornar informações úteis às vendas e operações.

CAPÍTULO 17

A história deste livro e um panorama do transporte hoje e no futuro

Uma apologia do transporte, alguns alertas e uma visão otimista do futuro.

CAPÍTULO 17

Análise de cenário

Comecei a esboçar as primeiras ideias deste livro em 2014. À época, a intenção era aprofundar experiências sobre as especialidades de transporte na esteira das reflexões de meu primeiro livro,[1] no qual apresentei noções de especialidade fundadas na seletividade de perfis, algo que considero indispensável para garantir bons serviços e resultados financeiros ao transportador.

As reflexões sobre as especialidades de transporte são raras, ao contrário das de logística, tida por alguns como mais relevante em muitos sentidos. Ainda que transporte e logística se confundam e sejam atividades complementares, mesmo inconfessadamente, talvez por parecer menos complexo, o transporte é visto como atividade menor, meramente auxiliar e reativa às demandas da hora, havendo desatenção no meio empresarial e pouco interesse acadêmico de acolher um pensamento mais aprofundado e detido sobre sua gestão.

---

[1] Valor econômico do cliente no transporte: uma teoria das encomendas.

A razão deste livro se deve à consciência de que a complexidade do empreendimento de transporte não pode ser enfrentada com voluntarismo ingênuo, fruto da recepção apressada dos desejos de clientes. Nessa atuação empresarial, o verdadeiro protagonismo se constrói com consciência de foco e especialidade, cuja estratégia conceptiva e de gestão, com o presente trabalho, ganha nova roupagem, qual seja a de recepcionar demandas de mercado por meio da definição de serviços-produtos que venham a dar conta tanto das necessidades de clientes como das de transportadores.

De 2014 até hoje, muita água rolou no Brasil e no mundo. Crises globais e locais se acumularam, culminando com a pandemia de 2020 que, por aqui, acentuou o empobrecimento de empresas e pessoas, distanciando ainda mais o país das novas fases do desenvolvimento industrial, porém é em momentos de crise, como o atual, que o transporte brasileiro costuma reagir e se reinventar. Como?

De certa maneira, a adesão tardia do Brasil ao novo pensamento industrial, com efeitos no transporte e na logística, permitiu observar como transportadores estrangeiros se posicionaram diante de ondas que ainda não chegaram por aqui. Uma das ondas que atingiu o mundo foi o crescimento exponencial das vendas de grandes operadores do e-commerce e *Marketplaces* (Amazon, Alibaba etc.) que, pouco a pouco, foram canibalizando largas fatias de mercado e suplantando as empresas tradicionais.

Em termos de crescimento dessa tendência, a China tomou a dianteira e vem espantando o mundo. Os efeitos dessa concentração de forças, todavia, lembra um pouco os monopólios de petróleo no início do século XX, os quais mereceram reação do governo norte-americano por meio da lei antitruste.

Não quero aqui alegar que ocorre o mesmo atualmente, mas é certo que o fato acendeu um sinal de alerta na indústria e no comércio, que buscam reagir de várias maneiras, e não menos no transporte, campo esse que inicialmente se viu favorecido pelo crescimento do fluxo de carga, dado o fracionamento dos lotes de venda, mas agora passou a ser preterido porque os operadores de e-commerce e *Marketplaces* dominantes se tornaram transportadores.

A pergunta que devemos nos fazer é: haverá espaço no futuro para o empreendimento de transporte como atividade autônoma? A resposta é um firme sim! Por quê? Ora, ainda que concentrações comerciais ocorram, o mercado, em geral, deve reagir, e isso vem ocorrendo no caso da indústria com as iniciativas de f2c (*factory to consumer*), certamente uma reação ao domínio dos grandes operadores do e-commerce e *Marketplaces*. E no comércio, que se torna digital e se alia à indústria para melhorar a experiência de compra dos clientes.

Do ponto de vista do empreendimento de transporte, que estaria perdendo espaço no mercado, há certo exagero em supor que haverá avanço ou domínio dos operadores de e-commerce e *Marketplaces*. Essas empresas jamais conseguirão atender a todas as demandas de transporte e, muito ao contrário disso, agirão com seletividade de demandas em nome de seus próprios interesses.

O transporte como atividade autônoma, por outro lado, cumpre uma missão bem mais ampla e, ainda que prevaleçam os empreendimentos à base do voluntarismo ingênuo, condenado aqui, esse movimento de auxílio às inciativas de clientes é a chama que anima o transporte e o faz ser indispensável.

Se a onda, que ainda não nos atingiu, se arma no horizonte à maneira de um tsunami que parece vir para engolir tudo pela frente, o transporte brasileiro segue vigoroso seu caminho próprio. As reflexões sobre a atividade cumprem papel crucial na compreensão do que se precisa adaptar e como se deve agir diante dos desafios que virão.

O transporte seguirá sendo um meio pelo qual outros poderão realizar seus objetivos empresariais. E isso deve ter caráter democrático, na medida em que é preciso prover com soluções ajustadas pequenos empreendedores, porque, ao fim e ao cabo, a economia funciona sob a égide de uma "ordem espontânea", não cabendo dirigismos estatais ou privados, como preconizou o célebre economista, prêmio Nobel de 1974, Friedrich Hayek.

A estratégia dos serviços-produtos e o futuro do transporte no Brasil

Como declaração de princípios, à guisa de conclusão deste livro, o transporte de cargas deve ser plural no sentido de estar aberto a todos que dele precisem. Como princípio formador, o transporte deve ser um empreendimento voltado à sociedade como sempre foi e continuará sendo, ligando interesses e permitindo que agentes distantes complementem suas atividades, a exemplo do que ocorreu na antiguidade, com as famosas rotas de comércio, que ligaram civilizações e as modificaram para sempre.

Quem faz comércio não guerreia. Essa verdade é indiscutível. As lutas de hoje ocorrem em campos mais etéreos nos quais se busca dominar as novas condições de possibilidade, como é o caso recente das disputas pelo mercado 5G, cujos padrões adotados pelos países os farão dependentes de seus provedores. O transporte é uma atividade-meio e como tal não pode abdicar de seu mister missionário. Essa é a razão de não haver risco de obsolescência da atividade, ainda que os modos de gerir e transportar mudem constantemente.

Ponto pacífico, porém, entrando na visão de futuro e na viabilidade econômica dos negócios de transporte, cabe entender corretamente o que sustenta o fluxo de caixa de um transportador e quais são as estruturas mínimas que podem garantir sua continuidade. É certo que o desenho operativo-comercial, cuja receptividade de mercado se mostra maior, é o de empresas mais abrangentes e diversas, mas como conciliar essas necessidades sem agredir o equilíbrio financeiro? Como gerar caixa e não ficar apenas pedalando na esperança de obter resultados um dia?

Não é fácil mesmo. A solução segue a linha da seletividade de perfis, base das especialidades, e precisa encontrar os equilíbrios de custos que só a gestão fabril pode oferecer. Por isso, para além das noções de especialidade e foco, propusemos a ideia de multiprodutos produzidos em regime de compartilhamento, ou seja, para obter eficácia e efetividade tanto de qualidade como de custos, é preciso criar serviços-produtos e saber operá-los em conjunto.

O portfólio de serviços-produtos e as noções de foco e especialidade

Não se deve compreender a possibilidade de oferta de serviços-produtos como sendo a senha para se fazer tudo. Não há contradição entre as noções de foco e especialidade e a oferta estruturada de multiprodutos, desde que os serviços-produtos guardem semelhança de perfil e tenham compatibilidade operativa em regime de produção compartilhada, condições que precisam constar no portfólio de um transportador.

Para ingressar no portfólio, portanto, os serviços-produtos não podem fugir de certas características, cujos critérios de admissão guardam semelhança com a extensão de linha e marca, noção de marketing consagrada, aqui adaptada ao transporte, indicando a necessidade de restringir as variações dos serviços: aos tempos de entrega, que podem variar bastante, e aos modos operativos, esses últimos não podendo fugir de padrões que gerem produtividade na ocasião do compartilhamento operativo, ambas as variações — de prazo e modo —, em suas diversas combinações, podendo receber tarifações específicas.

Trata-se de um fato e não de uma sutileza semântica a necessidade de estabelecer limites para as variabilidades dos serviços prestados, cuja razão é proteger a especialidade do iminente risco de atrair perfis de carga que levem à generalidade, preocupação que permeou todo este livro, gerando efeitos danosos amplamente discutidos em vários capítulos. É preciso cuidar da oferta de serviços-produtos, mantendo um fio condutor que preserve a integridade do foco e da especialidade.

Conclusão

Nutro, como muitos dos meus possíveis leitores, profunda paixão pelo transporte, sobretudo porque fiz dessa atividade um campo no qual plantei e cultivei conhecimentos de origem diversa. Com certa tristeza chego ao fim deste livro. O fim, todavia, é apenas um hiato de escrita, porque terminar não significa concluir o que sempre estará em aberto.

Sendo assim, à guisa de uma conclusão provisória, com modéstia, devo admitir que nos anos de reflexão dedicados a estas páginas apenas discorri com precariedade sobre algumas possibilidades de solução para os muitos problemas de transporte. A dialética estabelecida com autores de diversas linhas do pensamento — colegas do segmento, amigos e clientes — foi e continua sendo a base enriquecedora das ideias que animam a continuidade do empreendimento intelectual de pensar o transporte.

Minha tese central ainda é a mesma: não existe transporte de cargas e encomendas eficiente à parte das noções de foco e especialidade. E, ainda que tais noções possam ser interpretadas de diversas maneiras pelo conjunto de interessados no tema, sejam transportadores, clientes ou agentes públicos, por vezes representando uma diafonia de interesses conflitantes, como autor fecho estas páginas com a afirmativa de que o sucesso dos empreendimentos de transporte ocorre na exata proporção das capacidades de seus gestores de recepcionar e implementar essas noções.

Por aqui fico, acrescentando apenas breves palavras. Se há alguma contribuição efetiva deste livro, não é a de definir um roteiro da ação ou mesmo um conjunto sistematizado de atitudes que o gestor deve seguir escrupulosamente, mas sim o de acrescentar novas perguntas ao rol das já existentes sobre os problemas da gestão especialista, portanto, sigo ainda bastante interessado em aprofundar a ideia da fabricação no transporte, buscando fundamentos na indústria 4.0, na fabricação *Lean*, na filosofia, e nas muitas teorias que embasam o pensamento administrativo.

Considerando o papel multifacetado do transporte, suas muitas relações externas e a grande complexidade envolvida, encerro com o reconhecimento de que, no máximo, produzi uma síntese provisória de ideias em busca da melhor ordem de razões. Algo que, com verdade e transparência, no caso do transporte, sempre dependerá das fricções entre grupos de interesses, dos quais o ponto de vista mais isento sempre será o do transportador que, à maneira dos simbiontes, atua para manter a si mesmo e a seus associados vivos.

Referências bibliográficas

BENTHAM, Jeremy. *O panóptico*. São Paulo: Autêntica, 2000.

BERTALANFFY, Ludwig V. *Teoria geral dos sistemas — Fundamentos, desenvolvimentos e aplicações*. 6ª ed. Petrópolis: Vozes, 2012.

BURKE, James; ORNSTEIN, Robert. *O presente do fazedor de machados — Os dois gumes da história da cultura humana*. Rio de Janeiro: Bertrand Brasil, 2010.

CLYDESDALE, Greg. *Cargas — Como o comércio mudou o mundo*. Rio de Janeiro: Record, 2012.

CREASE, Robert P. *A medida do mundo — A busca por um sistema universal de pesos e medidas*. Rio de Janeiro: Zahar, 2013.

DÉTIENNE, Marcel; VERNANT, Jean-Pierre. *Métis — As astúcias da inteligência*. São Paulo: Odysseus, 2008.

FRANKOPAN, Peter. *O coração do mundo — Uma nova história universal a partir da rota da seda, o encontro do oriente com o ocidente*. Barueri: Crítica, 2019.

HAYEK, Friedrich A. *O caminho da servidão*. Campinas: Vide Editorial, 2013.

LUMARE JR., Giuseppe. *Valor econômico do cliente no transporte*. São Paulo: Prentice Hall, 2007.

MONTMOLLIN, Maurice; DARSES, Françoise. *A ergonomia*. 2ª ed. Lisboa: Instituto Piaget, 2011.

NISBETT, Richard E. *Mindware — Ferramentas para um pensamento mais eficaz*. Rio de Janeiro: Objetiva, 2018.

POPPER, Karl. *Conjecturas e refutações*. Brasília: UnB, 2008.

SCHWAB, Klaus. *A quarta revolução industrial*. São Paulo: Edipro, 2016.

THALER, Richard H. *Misbehaving — A construção da economia comportamental*. Rio de Janeiro: Intrínseca, 2019.

THALER, Richard H.; SUNSTEIN, Cass R. *Nudge — Como tomar melhores decisões sobre saúde, dinheiro e felicidade*. Rio de Janeiro: Objetiva, 2019.

VASCONCELLOS, Maria J. E. *Pensamento sistêmico — O novo paradigma da ciência*. 11ª ed. Campinas: Papirus, 2013.

Sobre o autor

Giuseppe Lumare Júnior nasceu em São Paulo, em 1963. Formado em Administração de Empresas e em Filosofia, é um dos mais conhecidos executivos de transporte do país. Há 35 anos nesse segmento, atua há 33 como diretor executivo da Braspress — empresa líder no transporte brasileiro —, participando ativamente dos processos inovativos dessa empresa em diversas áreas de interesse estratégico.

Índice

A

Abdicação 60
abordagens analíticas 68
  abordagem de custo-benefício 69
  abordagem de trade-off 68
  abordagem do custo irrecuperável ou afundado 69
ação-tempo 143
Análise de cenário 189
atributo-atrator 98
Atributo da afetação 118
Atributo da embalagem 115
Atributo do valor mercantil ou declarado 112
atributos cadastrais 107
  básicos 107
  contingentes 107
atributos compositivos 107
atributos das encomendas 105
  peso da encomenda 105
  valor do frete 105
  valor mercantil 105
  volumetria 105
Atributos de densidade-peso e densidade-valor 111
  densidade-peso 114
  densidade-valor 114
Atributos de peso, volume e formato 108
  formato 109
  peso 108, 111
  volume 108

B

baixa escala 147
branding 156

C

cálculo 55
caminho crítico 144
capital financeiro 42

carga 30
cliente prospect 68
clientes-clone 105
coleta 16, 138
commodity 11
conceito panóptico 99
concentração 74
concorrência 166
correlação peso-valor 110
corte 54
  recorte 62
critérios de valor 66
Crowdshipping 178
cubagem 82
Curva normal 38
custo-benefício 165

D

despesas 113
  indenização de atrasos de entrega 113
  multas decorrentes de falhas gerais 113
  perdas de agendamento 113
distribuição 150
distribuição de Gauss 38
doca de recepção 186
Docas de expedição 183
Dropshipping 175

E

e-commerce 173
EDI 185
efeito de posse ou dotação 59
enclave 183
encomenda conceitual 31, 95
encomendas 27
entrega 16
entropia 93
entropia negativa 93
epicentro 167
Ergon 87
ergonomia 76
Ergonomia 87
escrita cuneiforme 55
espaço 106
especialidade 30, 53
especialista 39
etiquetas 96

F

f2c 191
fabricação compartilhada 155
fabricação de serviços 131
fatores de produção 25
  Terra 25
  Trabalho 25
filósofos utilitaristas 59
First Mile 109
foco 48
frete 43

Friedrich Hayek 192
fullfilment 175

G

generalidade 26
giro de estoques 43
GRIS 113
Guide Stores 177

H

Hub 22

I

impessoalidade 30
inputs 95
interação homens-volumes 81

L

Last Mile 109
lei antitruste 190
linha de produção fabril 149
Lockers 178
logística 189
lucro 43

M

Marketplace 175
massas de dados 94

maturidade de foco 68
Middle Mile 109
multiprodutos de transporte 85

N

nexo de produtividade 50
noção de proporção 86

O

ociosidades operativas 69
Omnichannel 176
operação empurrada 151
operação puxada 151

P

packing 159
pandemia 190
panoptismo 143
PDCA 182
pensamento enxuto 88
perfil identitário 123
   comerciais 123
   fiscais 123
   serviços 123
permeabilidade 45
PERT 144
pesos-limite 110
picking 159
pilares conceituais 46
   frequência 46

receita 46
recência 46
Planejamento e Controle de Produção 27
Plano da Encomenda 16, 106
plataforma tecnológica 4.0 15
Ponos 87
Pop Up Stores 177
portabilidade 81
portfólio 193
preferência temporal 71
princípio de identidade 30
produtividade 25
Pudos 178
   Drop Off 178
   Pick Up 178

Q

quadratura 109
   ângulos 109
   arestas 109
   vértices 109

R

receita-custo 144
regressão à média 49
Revolução 4.0 17
   Digitalização 17
   IOT 17
   RFID 17
Revolução Industrial 56

rotas de comércio 192
rotas mistas 168
roubo de carga 61

S

seleção de encomendas 80
Share of Wallet 165
Ship From Store 177
síntese de valor 86
sistema 93
sistema de CRM 46
sistema de tarefas 143
sistema de transporte de cargas 21
sistema feudal 107
Sistema Internacional de Unidades 107
sistema Métis 97
skimming 58
sobreposição de fluxos 58
stakeholders 68
Stock Keeping Unit 159
Store Trucks 177

T

tarefas fabris 146
tempo 106
tempo de transporte 43
tempos de execução de uma tarefa 145
   otimista 145
   pessimista 145

provável 145
teoria sistêmica 93
terceirização 135
Transportation Management System 151
transporte fracionado 23

valor mercantil 108
variabilidade 41
vetor cronobiográfico 37
vetores 143
  ação 144
  tempo 144

V

valor-cliente 68
valor-encomenda 67

W

Warehouse Management System 151

Projetos corporativos e edições personalizadas dentro da sua estratégia de negócio. Já pensou nisso?

Coordenação de Eventos
Viviane Paiva
comercial@altabooks.com.br

Assistente Comercial
Fillipe Amorim
vendas.corporativas@altabooks.com.br

A Alta Books tem criado experiências incríveis no meio corporativo. Com a crescente implementação da educação corporativa nas empresas, o livro entra como uma importante fonte de conhecimento. Com atendimento personalizado, conseguimos identificar as principais necessidades, e criar uma seleção de livros que podem ser utilizados de diversas maneiras, como por exemplo, para fortalecer relacionamento com suas equipes/ seus clientes. Você já utilizou o livro para alguma ação estratégica na sua empresa?

Entre em contato com nosso time para entender melhor as possibilidades de personalização e incentivo ao desenvolvimento pessoal e profissional.

PUBLIQUE SEU LIVRO

Publique seu livro com a Alta Books. Para mais informações envie um e-mail para: autoria@altabooks.com.br

/altabooks /alta-books /altabooks /altabooks

CONHEÇA OUTROS LIVROS DA ALTA BOOKS

Todas as imagens são meramente ilustrativas.

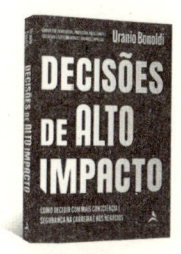

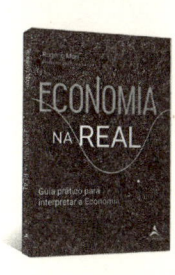

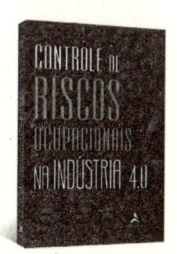

- PRA FAZER A DIFERENÇA
- FUNDAMENTALMENTE
- LIDERANÇA MOVIDA PELO PROPÓSITO
- DECISÕES DE ALTO IMPACTO
- ATENDIMENTO AO CLIENTE
- RESILIÊNCIA ÁGIL
- ECONOMIA NA REAL
- CONTROLE DE RISCOS OCUPACIONAIS NA INDÚSTRIA 4.0

ALTA LIFE   ALTA NOVEL   ALTA CULT

ALTA BOOKS   alta club